nós e eles

nós e eles

Relações culturais entre brasileiros e imigrantes

LÚCIA LIPPI OLIVEIRA

FGV
EDITORA

ISBN — 85-225-0576-4

Copyright © Lúcia Lippi Oliveira

Direitos desta edição reservados à
EDITORA FGV
Praia de Botafogo, 190 — 14º andar
22250-900 — Rio de Janeiro, RJ — Brasil
Tels.: 0800-21-7777 — 21-2559-5543
Fax: 21-2559-5532
e-mail: editora@fgv.br
web site: www.editora.fgv.br

Impresso no Brasil / *Printed in Brazil*

Todos os direitos reservados. A reprodução não autorizada desta publicação, no todo
ou em parte, constitui violação do copyright (Lei nº 9.610/98).

Os conceitos emitidos neste livro são de inteira responsabilidade da autora.

1ª edição — 2006

Preparação de originais: Maria Lucia Leão Velloso de Magalhães

Editoração eletrônica: FA Editoração

Revisão: Fatima Caroni e Marco Antonio Corrêa

Capa: Isabel Lippi

Ficha catalográfica elaborada pela Biblioteca
Mario Henrique Simonsen/FGV

Oliveira, Lúcia Lippi, 1945-
    Nós e eles: relações culturais entre brasileiros e imigrantes / Lúcia
Lippi Oliveira. — Rio de Janeiro : Editora FGV, 2006.
    164p.

    Inclui bibliografia.

    1. Imigrantes — Brasil. 2. Brasil — Migração. I. Fundação Ge-
tulio Vargas. II. Título.

CDD — 325.81

Sumário

Começo de conversa	7
1. Os filhos de Santiago em terras brasileiras	25
2. Os italianos, os bandeirantes e os modernistas paulistas	43
3. Do caipira picando fumo a Chitãozinho e Xororó	83
4. Portugueses e brasileiros: uma relação tão delicada	117
Anexo — Bibliografia sobre imigração no Brasil	153

Começo de conversa

Toda vez que penso no choque cultural vivenciado pelos imigrantes ao se defrontarem com os habitantes da nova terra, uma história me vem à mente: a da formiguinha surda. A jornalista Ana Cristina Reis, ao fazer um perfil de Anthony Garotinho, ex-governador do estado do Rio de Janeiro e um dos candidatos à presidência da República em 2002, menciona uma fábula que ele gosta de repetir:

> A historinha lhe foi contada pelo avô materno, um imigrante libanês comerciante de tecidos em Campos, que o educou e com quem morava (...). Segundo a fábula, do topo de uma pirâmide escorria mel. Fileiras de formigas tentavam escalar o obstáculo, nunca conseguiam e voltavam desanimadas, espalhando que era impossível. Mas uma formiga insistiu e alcançou o mel. Surda, ela não ouviu os avisos das outras, seguiu em frente e conseguiu.[1]

Embora essa história venha da boca de um descendente de imigrante libanês, ela serve para pensar a saga de qualquer grupo imigrante. Nela estão presentes a crença de que a nova terra é um eldorado, a defesa do trabalho árduo, a pregação da persistência, quase obsessão, como trunfo fundamental para o sucesso.

O trabalho sem limite é um traço apontado por todos os grupos que migraram buscando uma nova chance de vida. A obsessão é um traço de personalidade, que, se não é variável independente, é interveniente em todos os casos de sucesso. Essa fábula é também interessante, já que qualifica a surdez como atributo positivo, como sabedoria. Sabemos das qualidades da cegueira presentes na mitologia, já que é comum encontrar sacerdotes, profetas, xamãs, que, por serem cegos, vêem mais e melhor. É menos comum encontrar surdos que são sábios...

---

[1] *O Globo*, 2 out. 2002, p. 11.

Quem são, de onde vêm e quando vieram?

Os imigrantes que aqui chegavam vinham principalmente da Europa. O Brasil, vale lembrar, é uma nação que tanto as elites quanto o povo vieram de fora. As elites, do sul da Europa, e o povo, predominantemente da África. Os índios, antigos habitantes da terra, quase desapareceram, ainda que estejam presentes na herança genética, o que nos diferencia dos países andinos e do México, onde a presença indígena é visível a olho nu. Somos um caso do que Darcy Ribeiro chamou de "sociedades transplantadas".

No final do século XIX e início do XX, vieram também da Europa as idéias que postulavam a inferioridade dos mestiços em relação às raças puras, e dos negros em relação aos brancos. Parcelas da intelectualidade brasileira, sob a influência dessas doutrinas, passaram a valorizar o lado biológico (racial) das relações sociais. O Brasil passou a ser visto como uma sociedade atrasada e doente, já que era formada por um grande contingente de raças consideradas inferiores e por uma imensa população miscigenada, ambas identificadas como obstáculos ao progresso e à harmonia social.

A questão que se colocava era como construir uma nação civilizada sendo seu povo composto basicamente de brancos, índios e muitos negros e mestiços? Uma das soluções encontradas na época foi a "teoria do branqueamento" da população, postulada como tendo bases científicas. A idéia da superioridade da raça branca levara países com maioria branca a políticas agressivas de isolamento étnico, mas, no Brasil, a magnitude da miscigenação tornava inviável esse procedimento. A teoria do branqueamento, difundida e vista como solução para o problema do povo brasileiro, supunha que, em três ou quatro gerações, com a entrada de grandes contingentes de imigrantes brancos e muita miscigenação, a população se tornaria cada vez mais branca. A seleção de estrangeiros deveria obedecer a essa demanda pelo branqueamento.[2]

O governo brasileiro cuidou de instituir diferentes políticas em relação ao recebimento desses estrangeiros brancos. Elas visaram, primeiro, o povoamento de regiões com pouca densidade populacional e a constituição de um mercado de trabalho capaz de substituir a mão-de-obra escrava. Em ambos os casos estava-se contribuindo para a "melhoria" do povo brasileiro.

A entrada de imigrantes no Brasil, principalmente em São Paulo, foi classificada por estudiosos do tema em quatro momentos de maior intensidade, separados por momentos de declínio. O primeiro período, que se inicia nos anos 1870, chamado de a grande imigração, foi marcado por uma imigração subsidiada e dirigida às lavoura de café do oeste paulista e teve, entre 1886 e 1902, a presença maciça de imigrantes italianos. O segundo período começa em 1906, com a assinatura do Convênio de Taubaté e a

---

[2] Ramos, 1994.

política de valorização do café, e vai até as véspera da I Guerra Mundial. Aqui tem-se o crescimento da imigração portuguesa e espanhola, e o início da imigração japonesa. O terceiro período vai do final da I Guerra até 1945 e se caracteriza por um aumento da imigração portuguesa e japonesa e pelo aumento dos imigrantes classificados como "outras nacionalidades", ou seja, poloneses, russos, romenos, judeus. Nesse período, passa-se por uma política de restrições, presente na Constituição de 1934, que fixa cotas de entrada de imigrantes em 2% do total de entradas de cada nacionalidade já presente no país entre 1884 e 1934. O quarto período começa em 1945, quando o Brasil reabre a imigração, mas o volume de entradas é bem inferior aos momentos anteriores. Passa, então, a vigorar uma imigração espontânea, através das "cartas de chamada" de parentes e da oferta de emprego, e outra, uma imigração dirigida, visando à colonização agrícola, orientada por convênios entre o governo brasileiro e organismos internacionais. Nesse período, tem-se também a chegada de europeus que se dirigiam para a indústria, como no caso do convênio entre o Comitê Intergovernamental para as Migrações Européias (Cime) e a Comissão Católica de Migrações, que fez chegar ao Brasil 112 mil novos imigrantes. A partir dos anos 1960, começam a chegar os coreanos, mas o número de imigrantes como um todo declina muito, ficando limitado a técnicos e profissionais. A partir dos anos 1980, observa-se a chegada de número significativo de latino-americanos ao Brasil e, por outro lado, passa a ser significativa a emigração de brasileiros para o Japão, para países da Europa e para os Estados Unidos.[3]

Histórias de vida: ficção e realidade

A figura do imigrante e o tema da imigração têm aparecido na literatura ficcional para além das pesquisas sociológicas, antropológicas e demográficas. Uma família de imigrantes italianos, sufocada entre as montanhas de uma cidadezinha perdida do interior de Minas, é tratada no romance de Silviano Santiago, *Uma história de família* (Rocco, 1992). Ali, os italianos enfrentam a hostilidade que se manifesta diante de qualquer diferença e adotam como estratégia tentar apagar as marcas de origem que são sentidas como signos de exclusão.

Se o branqueamento da raça privilegia a imigração dos europeus, sua participação em tarefas manuais, ou antes executada pelos escravos, ocasionará, no brasileiro, a perspetiva depreciativa e discriminatória deste branco, tido como decadente e aviltado.[4]

---

[3] Salles, 2002.
[4] Dias, 1999:59.

As reações dos nacionais aos imigrantes pobres dependem do tempo e do lugar onde eles se fixaram, e tais reações contribuem para facilitar ou dificultar sua integração ao país. O olhar reprovador da comunidade, a obrigação de ser correto demais para dar a impressão de que não são diferentes e opacos, a obsessão da "perfeita transparência" aparecem como sinais das dificuldades vivenciadas pelos imigrantes. Na comunidade fechada tratada no romance, ser imigrante, ser diferente, era uma mancha que devia ser apagada. A integração que envolve o esquecimento de qualquer diferença torna-se necessária como forma de enfrentar a repulsa pela origem estrangeira. A desvalorização do trabalho manual presente na cultura brasileira, entretanto, marca aquela família como diferente. Assim, o imigrante, apesar de admitido no país por ser branco, sofre discriminação e é desvalorizado como inferior pelo tipo de trabalho que realiza.

A questão levantada nesse romance tem aguda importância sociológica, já que aponta as dificuldades de se levar adiante um processo civilizador — no sentido trabalhado por Norbert Elias — na sociedade brasileira, na medida em que o trabalho manual permanece vinculado à perda da liberdade e configura uma marca de inferioridade social.

Esse romance apresenta, assim, uma vertente ainda pouco mencionada: os problemas e dificuldades de integração na cultura brasileira, ainda que se esteja falando de uma situação particular no interior de Minas Gerais. Por outro lado, sabemos que os italianos se distribuíram pelos estados agrícolas de São Paulo, Minas Gerais e Rio Grande do Sul e tiveram uma trajetória de sucesso. Segundo Klein (1989:106), "pelo Censo de 1920, eles possuíam 5,5% das fazendas do país, ainda que representassem apenas 1,8% da população total". Mesmo em Minas, um dos estados menos influenciados pela imigração estrangeira, os italianos tiveram presença relevante.

Nélida Piñon (1994:95) é exemplo de literata descendente de uma família imigrante. Seu avô, diz ela, lhe deu o mais rico presente, o Brasil e a língua portuguesa. Seu esforço para domar essa língua a levou a escrever, entre outros livros, a história de sua família, apresentando uma síntese do que seria o Brasil visto por ela, visto por seus personagens e o Brasil visto de fora. Para ela, a "invasão imigratória" alterou muito o comportamento brasileiro, afetou a linguagem e os sentimentos, já que essas etnias:

> chegaram para ficar, para plantar árvores, ter filhos, e, sobretudo, para cavarem as suas próprias sepulturas. (...) É uma contribuição extraordinária, porque não havia caminho de volta para eles. Eles até em seus sonhos pensaram algum dia em regressar a suas terras. Mas de fato eles ficaram no Brasil. E foram tendo filhos. (...)
> Então imaginei o que era o Brasil antes e o que foi sendo o Brasil no início deste século a partir destas presenças tão vorazes e tão ricas. E, ao mesmo tempo, desejava que uma brasileira, que aparece neste romance como personagem, que é a Breta — de Bretanha, do mundo celta — pudesse entender o país através do fato de ouvir narrativas que lhe são contadas por esse avô, nas memórias, pelos sonhos deste avô. Na certeza de que, no

caso, só como personagem, como narradora, teria condições de mergulhar nas entranhas do meu país se pudesse entender a sua história numa trajetória longa, mais cem anos, menos cem anos; se pudesse também entender com que luz, qual foi o tipo de mirada com que estes estrangeiros viram o país pela primeira vez.

E seria com essa mirada quase arqueológica que Nélida-Breta iria buscar na literatura o esboço do país, tendo como pano de fundo a política brasileira de 1913 até 1980. As lendas apresentadas pelo avô da personagem e pelo avô da autora se confundem; os conflitos familiares presentes no romance nos remetem à tradição patriarcal da família galega. Esse livro e seus personagens apresentam as matrizes comuns a diversos grupos imigrantes que partiram do Velho Mundo.

O contato com esse e com outros livros que contam a saga de diversas famílias imigrantes — *Negócios e ócios*, de Boris Fausto, *Nür na escuridão*, de Salim Miguel, *Anarquistas, graças a Deus*, de Zélia Gattai, entre muitos outros — me fez acessar minha memória pessoal e familiar.

Venho de família cujo ascendente imigrante não viveu na colônia italiana, veio jovem e pobre, trabalhou, enriqueceu, educou os filhos no Brasil e em português; assimilou-se. A família viveu uma situação distinta daquela narrada em *Uma história de família*. A família refundou os valores aristocráticos que conhecia na terra de origem, mesmo que não fossem seus, e conseguiu fundi-los com os do Brasil. A avó, filha de italianos e casada com um italiano, gostava de contar que tinha dois anos quando da abolição da escravidão e que sua ama, mesmo livre, permaneceu trabalhando com a família.

Sempre me senti brasileira, partilhando das identificações e das incertezas nacionais, mesmo sendo neta de imigrante italiano. Há quem diga que são mesmo necessárias duas gerações para que haja tempo de uma completa assimilação à cultura nativa. Apenas sobreviveu o sobrenome do avô materno, mantido como uma relíquia de família. O avô italiano, o Pepino Lippi, era chamado de "major" (nunca soube a razão, já que não poderia ter pertencido à Guarda Nacional), foi vereador várias vezes na cidade do interior do estado do Rio de Janeiro e fazia parte da classe dos "homens bons", aqueles que podiam votar e ser votados desde os tempos do Brasil colônia.

Fui alertada pelo sociólogo haitiano Jean Casimir, técnico da Unesco que trabalhava no Centro Latino-Americano de Pesquisas em Ciências Sociais, ainda durante minha graduação, da importância de entrevistar meu avô para resgatar sua memória da imigração. A única lembrança de seu passado que ele me relatou tem a ver com as cinzas do vulcão Vesúvio na horta de sua casa em Salerno. Explorar seu passado, fazê-lo lembrar dos momentos difíceis de sua emigração, não obteve o menor interesse de minha parte. Estávamos nos anos 1960 e o que interessava a minha geração tinha a ver com o futuro e, não, com o passado. Foi somente nos anos 1980, quando fazia meu doutorado na USP, que, pela primeira vez, senti o que pode significar ser uma *oriundi*. Naquela época entrei em contato com uma sociedade com grande presença de italianos e também com alta taxa de preconceito. Mais tarde, nos anos 1990, pude sentir a valorização positiva desse sobrenome para uma brasileira nos Estados Unidos. E foi muito mais recentemente que o resgate da experiência da imigração passou a ter algum interesse para mim.

Esse fragmento de memória autobiográfica talvez seja um indicador dos tempos atuais e sirva para explicitar as diferenças e distinções que assolam aqueles que empreenderam uma mudança tão radical em suas vidas como a da emigração.

Pode-se dizer que o Brasil, dos anos 1920 até os 80, era considerado o país do futuro. Um marco dessa crença pode ser visualizado no livro *Brasil, país do futuro*, escrito pelo judeu austríaco Stefan Zweig, que se suicidou em 1942 no Brasil. Publicado em 1941, o livro apresenta uma visão idílica do país. Nele se exalta a natureza exuberante e o país mestiço, onde se pode viver em harmonia. Esse livro teve grande importância para a elite brasileira. Vinha confirmar algo que foi e é acionado em diferentes momentos da história — a natureza paradisíaca, criada por Deus. E confirmava não só a mestiçagem, mas a possibilidade de todos viverem em harmonia.

A crença de que o Brasil devia sobretudo dispensar o passado, que o puxava para trás, se fez presente em diferentes momentos modernizadores, como também na primeira fase do modernismo de 1922. Agora, porém, que o futuro chegou e a abertura para o mundo se move em ritmo veloz, sentimo-nos impulsionados a rever o passado.

O tema das etnias voltou também à agenda das ciências sociais, e várias publicações — pesquisas, memórias pessoais e familiares — trabalham o assunto. Ele tem merecido atenção da análise sociológica e da historiografia, além de espaço na ficção literária. Nesse *boom* mais recente, tem sido relevante o uso do recurso metodológico da entrevista de história de vida do imigrante e de seus descendentes, visando a recuperação dos contatos culturais, das dificuldades e facilidades encontradas no país receptor. Pode-se dizer que a imensa bibliografia resultante das pesquisas[5] oferece um importante panorama sobre o tema. Pode-se também observar que quase todos os sociólogos passaram pelo tema da imigração em algum momento de suas carreiras.

Ser diferente, ser igual, ser mais, ser menos são marcações que são acionadas dependendo do lugar e do contexto social, e essas classificações servem tanto para incorporar quanto para excluir. Daí o interesse em acompanhar as experiências sociais concretas e as situações de incorporação e de exclusão acontecidas em cada momento em diferentes sociedades.

---

[5] Ver anexo.

História e memória

Quando me volto para os estudos dos imigrantes e da imigração, questões relativas à história e à memória se fazem presentes. História e memória são palavras com duplo significado. História refere-se à experiência coletiva dos homens e à elaboração sobre ela. Memória significa evocação e também registro e armazenamento do que foi lembrado. História depende do tempo cronológico; memória, do tempo múltiplo. O substrato da memória é a evocação do passado, procurando-se preservar e reter o tempo salvando-o do esquecimento.

Sabemos que as relações entre história e memória são múltiplas e complexas. A matéria-prima que ambas usam é a mesma. A memória é fonte de informação para a construção do saber histórico. A história, enquanto saber específico, está voltada para a produção de evidências e, nesse sentido, tem uma função questionadora da memória.[6] A história como procedimento epistemológico fornece conceitos, símbolos e métodos para que o homem se conheça, estabeleça relações entre o presente e o passado.

A constituição da memória, coletiva ou individual, não importa, envolve conhecer o passado por meio do testemunho de pessoas que nele viveram. Recorre-se à memória do narrador. Lembrar é reconstruir o passado com olhos e valores de hoje. O documento criado pela recuperação da memória é um documento do presente e, ao mesmo tempo, uma reconstrução de fatos passados. Memória é elemento constitutivo do sentimento de identidade (individual ou coletiva) relacionado ao sentimento de continuidade e de coerência.

As identidades, sejam elas nacionais, grupais, familiares, religiosas, étnicas, envolvem lembranças e esquecimentos. Memória e história estão, portanto, envolvidas em diversas batalhas simbólicas pela apropriação de eventos do passado que devem ser lembrados, assim como pela demarcação daqueles que devem ser esquecidos. Ernest Renan, em seu livro *Qu'est que c'est une nation*, diz que a essência de uma nação consiste na existência de uma memória, de um patrimônio comum a todos os indivíduos e também em esquecimentos comuns.

Pode-se considerar que, nos dias de hoje, estamos assistindo a um conflito entre duas visões ou posições: a que considera que esquecemos demais e a que afirma que estamos "seduzidos pela memória".

A defesa da lembrança, a recusa do esquecimento estão presentes, por exemplo, num texto com o significativo título: "Contra os consumidores do esquecimento". Seu autor, Saúl Sosnowski (1994:14), reflete sobre os acontecimentos passados durante as

---

[6] Neves, 2000:111.

ditaduras militares do Cone Sul. Em vez de "preservar um cômodo silêncio que permitiria seguir adiante sem amarrotar uniformes nem despertar ansiedades civis", o autor defende a utilidade de se falar sobre os fatos dolorosos vividos como meio de evitar sua repetição. Os que esquecem seu passado estão condenados a vivê-lo novamente.

A transição brasileira tendeu a partilhar de uma vontade de não lembrar, mas, para esse autor, o dolo, o luto nacional exibe cicatrizes que não devem ser ocultadas ou apagadas. A memória é concebida como valor e poder ético, e o ato de recordar permite uma reflexão permanente do ser na história. O texto de Saúl Sosnowski está atrelado aos tempos das ditaduras militares no Cone Sul, tempos de repressão e de censura, e se faz atual toda vez que se discute a abertura ou não dos documentos dos "anos de chumbo", mas sua reflexão pode ser expandida para outros tempos e lugares.

Aleida Assman, professora de teoria literária, no artigo "A gramática da memória coletiva" (2003), considera que as regras fundamentais na gramática da memória coletiva mudaram. A lei da memória e seus princípios — o princípio da seleção do que deve ser lembrado, a criação de um horizonte (campo de visão/perspectiva) que funciona como filtro — continuam vigentes, mas a linha divisória entre o que é útil e o que não é se tornou problemática. Ela exemplifica isso no campo da memória nacional. Esta formava uma unidade coesa, que, como as lendas e os mitos, transmitia uma mensagem clara para as novas gerações. Os critérios de seleção indicavam aqueles pontos que fortaleciam a auto-imagem, que reforçavam a honra — triunfante ou humilhada. Assim, mesmo derrotas podiam se tornar pontos de referência centrais na história, desde que pudessem ser integradas em "uma narrativa martirológica do herói trágico".

Momentos de culpa e vergonha, contudo, não entravam na memória nacional, já que não podiam ser integrados numa auto-imagem coletiva positiva. Os casos dos índios perseguidos e extintos, dos africanos transportados como escravos, dos judeus vítimas do genocídio durante a II Guerra Mundial apresentam questões novas para a organização das memórias coletivas. Segundo essa autora, há uma nova consciência das conseqüências das experiências traumáticas e isso vem criando inovações nas regras da gramática da memória — rompe-se a ligação intrínseca entre perdoar e esquecer, assim como entre lembrar e vingar.

Os parâmetros da lembrança e do esquecimento estão sofrendo uma revisão num mundo que se globaliza cada vez mais e no qual a auto-reflexão crítica da memória coletiva se expande. Entretanto, a construção da memória coletiva, compartilhada por todos os membros do grupo, continua indispensável para a formação de identidades e de orientações de conduta.

No fim do século XX e início do XXI, vivemos a consciência da mutação, das crises, da velocidade, e esse sentimento opera uma virada para o passado, tempo lembrado como melhor. Há assim como que "surtos de memória". Esta seria uma situação especial, já que nunca o presente ficou tão obcecado pelo passado como acontece agora.

A cultura da memória, a mobilização de passados históricos e/ou mitológicos, a publicação de livros de fotos e depoimentos, a restauração de velhos centros urbanos, a criação de museus e centros culturais, tudo isso está nos informando que o desejo de privilegiar o passado talvez seja nossa resposta para a insegurança quanto ao futuro. As observações de Andreas Huyssen (2000) talvez nos ajudem a entender a transformação em curso e o surto de memória por que estamos passando: "Quanto mais rápido somos empurrados para o futuro global que não nos inspira confiança, mais forte é o nosso desejo de ir mais devagar e mais nos voltamos para a memória em busca de conforto (...), [como] a memória é sempre transitória, notoriamente não confiável e passível de esquecimento; em suma, ela é humana e social".

"Hiperinflação de história", "supervalorização da tradição", "mania comemorativa", "consumo do passado" são expressões usadas para falar desse nosso tempo. Precisamos discutir o papel que o passado deve desempenhar no presente. As disputas entre diferentes memórias, entre memória e história, implicam releituras do passado em função dos combates do presente e do futuro.

Creio que são as experiências da globalização, na chamada pós-modernidade, que nos levam a buscar no passado, na origem, aqueles elementos, verdadeiros ou fabricados, que possam oferecer algum grau de continuidade. É grande o número de famílias, de empresas, de localidades que estão buscando a memória de seu passado, configurando uma tendência no Brasil e no mundo. Essa retomada das origens locais ou transnacionais se apresenta como o outro lado da globalização, que tende a diluir as identidades nacionais.

No filtro de ontem eram lembradas principalmente as incorporações e as identificações; no de hoje parecem ser mais relevantes as lembranças de exclusão e de diferenciação. E com isso está havendo uma reconstrução do discurso a respeito de diferentes etnias.

A reconstrução do discurso da italianidade, por exemplo, pode ser observada nas entrevistas realizadas com descendentes de terceira e quarta gerações de italianos chegados ao Brasil em 1875 e que participam de sociedades étnicas locais fundadas na cidade de Porto Alegre. Stella Borges (2002) observa que, após a fase de os italianos serem considerados "feios, sujos e malvados", há um reavivamento da italianidade desencadeada a partir de 1975, quando das comemorações dos 100 anos da imigração italiana. A construção de identidade baseada na etnicidade se apresenta como fruto de estudiosos *oriundi* e do trabalho de enquadramento da memória do grupo, facilitado pela valorização positiva presente no cinema e na televisão. Esse tipo de alteração na conformação da identidade — de negativa a positiva — também pode ser observado em outros casos, como o dos galegos apresentados neste livro.

José Roberto Severino também nos mostra em sua tese *Noi oriundi: cultura, identidade e representações da imigração italiana em Santa Catarina* (2004) como as comemorações do centenário da imigração italiana, em 1975, interferiram na produção de uma nova identidade italiana. Seu trabalho identifica os principais agentes envolvidos nesse processo, destacando o papel das associações italianas, entre elas a Trentini nel Mondo — presente em 200 cidades do mundo, sendo 40 no Brasil —, e a atuação dos consulados da Itália, produzindo acordos com redes estaduais e municipais para o ensino da língua. Aponta para um novo papel das associações: intermediar a confirmação da origem, realizar pesquisas genealógicas para montar processos de dupla cidadania, já que só a partir de 2000 existe lei concedendo o direito de cidadania italiana aos descendentes do antigo Império austro-húngaro. Mostra também como "as narrativas da italianidade instituem a noção de *diáspora* de um povo", conceito esse que não fazia parte do universo cultural dos velhos imigrantes e que é introduzido pela atuação da Trentini nel Mondo.

A valorização da origem é legitimada pelo novo momento atrelado à Itália de hoje, e os círculos, que fazem a relação entre os descendentes dos italianos de Trento com os trentinos de hoje, transitam entre a dimensão da memória e questões de futuro. A ação da Trentini nel Mondo envolve a internacionalização e a construção de uma memória comum. Ou seja, globalização e localismo. A neotrentinidade procura se aproximar da Europa atual, e sua construção leva em conta os emigrados que teriam guardados os vestígios do passado.

Por outro lado, reatar laços com as regiões de origem contribui para construir novo capital simbólico para esses descendentes de italianos no Brasil. É elaborada uma nova estratégia de visibilidade social, na qual se ressalta sua contribuição para o desenvolvimento do país. Empreendedorismo e desenvolvimento passam então a ser associados ao imigrante italiano, antes identificado como pobre e recatado.

A reelaboração da identidade está acontecendo com vários grupos de imigrantes. O caso dos poloneses de Curitiba é tratado por Maria Cecília Solheid da Costa (1995). A estigmatização do polonês, chamado de polaco e identificado como "o negro do Paraná", dá lugar a nova hierarquia social, onde ele desfruta de posição privilegiada, já que garantiria a Curitiba uma imagem de cidade branca, de origem européia. A mudança da visibilidade social, de negativa para positiva, desse grupo tem uma datação histórica que passa pelas comemorações do centenário da imigração dos poloneses em 1970, mas, acima de tudo, pela visita do papa (polonês) João Paulo II à cidade em 1980.

O texto de Nélida Piñon e o de José Roberto Severino apontam para uma questão que merece atenção. Diz Nélida Piñon que, para os galegos, não havia caminho de volta, ainda que todos sonhassem em regressar. Embora todos pudessem sonhar com o regresso, só o faziam aqueles que fracassavam, ou melhor, o retorno era interpretado como fracasso. Na pesquisa de José Roberto Severino se faz presente a idéia de um regresso, ainda que simbólico, acionado pelo conceito de diáspora, que não fazia parte do universo cultural dos antigos imigrantes.

Na literatura que trata dos migrantes na modernidade tardia, também chamada de pós-modernidade, a idéia de diáspora se faz presente. Como entender isso? Stuart Hall nos ajuda a mapear esse campo em seu artigo que aborda o mundo caribenho. Diz ele que, em seu sentido tradicional, a diáspora é definida por uma pureza ou essência, e nos reporta a "tribos dispersas, cuja identidade só pode ser garantida em relação a um torrão pátrio sagrado, ao qual elas devem retornar a todo custo, mesmo que isso implique impelir outros povos para o mar" (1996:75). Em seu sentido atual, diáspora, diversidade, hibridação são termos usados quase como sinônimos para dar conta do que aconteceu no Novo Mundo, visto como palco principal do encontro entre o Ocidente e a África. Assim, na sua acepção, a experiência da diáspora se define pelo reconhecimento de uma diversidade e heterogeneidade presentes em todos aqueles que vivem em vários mundos.

Um dos mais significativos trabalhos sobre a questão da imigração é o de Abdelmalek Sayad. Observa ele que esse movimento tem dupla dimensão: de fato coletivo e de itinerário individual. O estudo desse objeto, do ponto de vista da sociedade receptora, se coloca quando os imigrantes constituem um problema, e complementa: "se trata de um objeto que cria problema" (1998:15). A imigração é um fato social total, que envolve e permite o cruzamento das ciências sociais (história, geografia, demografia, economia, direito, sociologia, psicologia, antropologia, lingüística e ciência política). "Falar da imigração é falar da sociedade como um todo", falar dela em sua dimensão diacrônica (em perspectiva histórica) e também sincrônica, abordando as estruturas presentes na sociedade e seu funcionamento.

Ao falar da migração, Sayad pontua como itens de estudo as condições sociais que produziram a emigração e as condições de existência da imigração (o contato com a sociedade que recebe o imigrante, o momento em que ele sai do grupo e conquista, ou pretende conquistar, um espaço público e, principalmente, em que questiona a representação construída sobre ele). E nos lembra uma questão fundamental: os discursos sobre a imigração não tratam dos "outros", da alteridade — do que não sou eu —, mas de si, da identidade do eu. Fala-se objetivamente de si quando se fala dos outros. Um fantástico exemplo desse jogo de espelhos é o trabalho de Edward Said, *Orientalismo* (1990), sobre a invenção do Oriente. Em outro livro, *Reflexões sobre o exílio e outros ensaios* (2003), Said define a terrível experiência do exílio como uma "fratura incurável entre um ser humano e um lugar natal, entre o eu e seu verdadeiro lar". O século XX, é preciso lembrar, tornou-se a época por excelência da imigração em massa, dos refugiados e das pessoas deslocadas que se dirigem aos países do chamado Primeiro Mundo.

Para Sayad (1998:20), o tema da imigração tem sido mesmo uma provação para a ordem nacional. Seus textos têm como objeto empírico principal os argelinos na França, considerados por ele uma "imigração exemplar", já que envolveu uma situação colonial e foi precursora, entre 1910 e 1950, de uma situação que a Europa vive hoje. Eles vivem a "ficção de uma volta que se sabe impossível e a ficção de uma naturalização ambígua". Os turcos na Alemanha podem ser mencionados como uma variante desse caso francês.

O antropólogo James Clifford também fala do assunto em seu ensaio sobre os viajantes, aqueles que são simultaneamente familiares e diferentes, *insiders* e *outsiders*, e trata de deslocamentos, de viagens (heróicas, educacionais, científicas, aventurosas, enobrecedoras), discutindo itinerários e a forma de entrada nas culturas nativas. Tratar a cultura como viagem pressupõe que tanto pessoas quanto idéias viajam, migram e se alteram. Essa experiência, segundo ele, já foi "vista negativamente como transitoriedade, superficialidade, turismo, exílio e desenraizamento (...) [mas também foi] concebida positivamente como exploração, pesquisa, fuga, exercício transformador..." (2000:63-64).

Se é possível falar de imigração como viagem, real ou metafórica, é importante atentar para as pressões a que foi e é submetida a mão-de-obra imigrante, e que diferem da segurança e da liberdade do viajante burguês, seja ele cientista, comerciante, missionário, ou mesmo turista. Migração, turismo e peregrinação, segundo esse autor, podem ser tratados como categorias do termo viagem.

Néstor Canclini (2003:71) também trata do tema e observa que essa é "uma das zonas em que as narrativas não coincidem com os fatos históricos". Se as migrações antigas eram quase sempre definitivas e rompia-se o laço entre os que partiam e os que ficavam, nos dias de hoje são mais significativas as migrações temporárias, regidas por motivos de trabalho. A instabilidade nos mercados de trabalho, a precariedade da condição de estrangeiro são fatores que dificultam a integração à nova sociedade. O autor fala de curtos-circuitos, que produzem segregação em bairros, escolas e serviços de saúde. Por outro lado, diz Canclini (2003:73), "os imigrantes atuais têm mais possibilidades de manter uma comunicação fluida com o local de origem".

Da segunda metade do século XX em diante, os espanhóis migraram para outros países da Europa e os latino-americanos migraram para a Espanha, a Itália e a Alemanha. O autor assinala o caso especial do México, que desde meados do século XIX recebeu poucos imigrantes e viveu e vive a saída da mão-de-obra camponesa para os Estados Unidos.

Grandes facilidades para a globalização dos mercados e dificuldades para os humanos, principalmente se não são ricos ou bem-educados, caracterizam os tempos atuais. Ainda segundo Canclini (2003:74), os vínculos entre europeus e latino-americanos foram guiados por diferentes estereótipos. Houve discriminação dos europeus em relação aos latinos, admiração e receio dos latinos em relação aos europeus. Ou seja, os novos vínculos entre Europa e América Latina levaram à "reprodução de estrutura assimétrica doradoura". Podemos nos perguntar se essa reprodução de vínculos assimétricos não é o que está acontecendo nas levas migratórias das periferias para os centros europeus e norte-americano.

As considerações sobre os casos francês, alemão, italiano, espanhol dos dias de hoje nos levam a pensar na particularidade do caso brasileiro. O Brasil não é mais grande receptor de imigrantes e, sim, pequeno exportador de mão-de-obra. A cultura e o Estado brasileiros procuraram, no passado, assimilar os adventícios. Os critérios de aceitação privilegiavam aqueles que seriam mais facilmente assimilados. Pretendeu-se criar uma nação (comunidade de língua e cultura) integrando aqueles imigrantes que chegaram ao país entre 1870 e 1930. Parece que deu resultado — os estudos sobre os brasileiros que vivem fora do país podem oferecer um bom panorama para compreender a força da identidade brasileira — ainda que hoje estejamos vivendo um movimento ao revés, de valorização da diferença, da origem, da defesa do multicultural.

As marcas das pesquisas com imigrantes

Observando as pesquisas sobre imigração no caso brasileiro, pode-se dizer que elas tendem a explorar um mesmo conjunto de questões: o local de origem, as dificuldades da vida na terra natal e os percalços da viagem, os recursos utilizados para encontrar um espaço social na nova sociedade, a mobilidade social, os mecanismos para tentar a integração na nova terra, as resistências enfrentadas, as variações geracionais e, por fim, as dificuldades daqueles que permanecem "entre dois mundos". Acho mesmo que é difícil, se não impossível, falar do tema da imigração sem mencionar essas questões.

O avanço na compreensão do tema indica a importância de estudos comparativos. Quais as semelhanças e diferenças vivenciadas pelos italianos que vieram para Santa Catarina e para São Paulo? E entre esses e os que foram para a Argentina? O Brasil até recentemente era uma sociedade ainda muito autocentrada, o que nos permitia dar pouca ênfase a outras experiências históricas. Interessávamo-nos pouco, dedicávamos pouco esforço para entender outras culturas e situações. Só mais recentemente e no caso de alguns temas como, por exemplo, o estudo da escravidão, ganhou-se a consciência de que o fenômeno envolveu o mundo transatlântico. Como entender o Brasil colônia desconhecendo o mundo ibérico em sua experiência mundial?

O campo de estudo sobre imigração, vale notar, parece marcado por algumas singularidades: judeus estudam a imigração judaica; descendentes de sírios e de japoneses, por sua vez, estudam os sírios e os japoneses no Brasil. Haveria assim uma identificação subjetiva do sujeito com o seu objeto, já que muitos dos autores descendem dos grupos que estudam. A empatia com o grupo estudado, as facilidades em abordar os mais velhos do grupo, a diminuição da desconfiança em relação ao entrevistador, tudo isso pode explicar esse fato. Por outro lado, há que se notar que a divulgação dos trabalhos tende a ficar restrita às comunidades neles tratadas. Poucos textos conseguem transcender o seu subgrupo.

Muitos desses trabalhos, ainda que realizados respeitando metodologias e procedimentos das ciências sociais, tendem a se mover mais no campo da memória. A voz do imigrante tem sido resgatada através de depoimentos dos imigrantes e seus descendentes. Sabe-se que depoimentos permitem construir a memória desses grupos, já que predomina a preocupação em abrir espaço para que a voz do imigrante seja ouvida, e procura-se verificar o processo de construção de suas identidades. Os estudos sobre imigrantes até pouco tempo atrás se ressentiam da falta da interpretação dos imigrantes sobre a migração — sua própria voz, seu testemunho direto, sua interpretação dos êxitos e dificuldades. Será por isso que começaram a ser desenvolvidas investigações que se detinham em ouvir o imigrante ou seus descendentes diretos, fazendo-os falar de suas experiências na chegada ao novo país? Porém, o estatuto das entrevistas e depoimentos ainda precisa ser mais bem analisado e trabalhado. Seu papel como construtor de memória é indiscutível, mas é preciso também "desconstruir" essa memória para que se possa avançar na análise sociológica desses grupos.[7]

Por outro lado, a consulta às entrevistas já realizadas apresenta também dificuldades operacionais. As entrevistas são, em sua maioria, resultado do trabalho de diferentes projetos e estão sendo utilizadas pelos respectivos pesquisadores em suas dissertações e teses. Ou seja, elas não estão abertas e poucas são as que já foram publicadas. Nesse sentido, é importante a criação de bancos de entrevistas com imigrantes que possam ser utilizados por todos os interessados. Sabe-se que as entrevistas aparecem como um importante recurso metodológico de reconstrução de experiências do passado e oferecem um amplo leque de possibilidades. Mas elas apresentam respostas às questões formuladas, os dados que fornecem dependem das questões abordadas em cada pesquisa. E como as questões são as mesmas, dificilmente as entrevistas podem acrescentar algo de novo...

A análise do processo de integração dos forasteiros pode propiciar uma rica entrada para a compreensão da cultura nativa. No caso, optei por analisar imigrantes de etnias (falava-se em grupos nacionais, agora fala-se em etnias) mais próximas, marcados por afinidades culturais que só raramente colocam o indivíduo diante de posições irreconciliáveis. Estudar o processo de aculturação de galegos, italianos, portugueses, todos mais ou menos aparentados, pertencentes a culturas latinas, apresenta facilidades e dificuldades especiais. Suas especificidades estão mais em nuanças, o que dificulta a apreensão de suas diferenças. As semelhanças culturais como que suavizam as tensões e conflitos existentes e, por outro lado, permitem a preservação e a recuperação de traços de origem.

Os textos aqui reunidos fazem parte de um projeto denominado O Brasil dos Imigrantes,[8] que teve como objetivo principal conhecer como a cultura brasileira lidou com os imigrantes e como os imigrantes enfrentaram, assimilaram e transformaram a cultura nacional. Pretendi investigar a sociabilidade brasileira e sua capacidade de absorver

---

[7] Dos depoimentos de imigrantes que consultei, os melhores ainda são aqueles produzidos e publicados por Carlos Castaldi (1960). Igualmente relevantes são os depoimentos presentes em Bosi (1987).

[8] A pesquisa recebeu apoio do CNPq por dois anos, através de uma bolsa de produtividade. Contei com a ajuda de Júlio Naves Ribeiro, como bolsista do Pibic. Agradeço a leitura atenta e os comentários pertinentes de Maria Cecília S. da Costa.

os diversos grupos estrangeiros que aqui aportaram e, ao mesmo tempo, destacar o choque deste "outro" à cultura nacional. Ou seja, analisar as resistências e as facilidades ao abrasileiramento. Esses são alguns dos tópicos centrais do desenvolvimento da pesquisa que deu origem aos textos aqui reunidos. Cada um dos capítulos tem sua especificidade e pode ser lido isoladamente.

Inseri o tema da imigração no campo de estudos que venho investigando: o pensamento social no Brasil ocupado com a construção da identidade nacional ao longo do século XX. Como já mencionei, a pesquisa privilegiou o estudo de grupos mais próximos à cultura dominante e em espaços delimitados: os espanhóis/galegos na Bahia, os italianos em São Paulo e os portugueses no Rio de Janeiro.[9]

O primeiro capítulo, "Os filhos de Santiago em terras brasileiras", está direcionado para o caso dos galegos na Bahia. Em uma viagem que fiz a Salvador pude colher livros e artigos que dificilmente chegam ao sul e entrar em contato com estudiosos do tema — acadêmicos ou não. Visitei instituições, clubes, fiz entrevistas com pessoas relacionadas à colônia espanhola e galega na Bahia.[10] Vale notar que esse grupo — os galegos — não tinha visibilidade e durante muito tempo apareceu dissolvido na categoria de nacionalidade espanhola. Só recentemente ganhou espaço e identidade por questões que apresento e discuto no capítulo.

No segundo capítulo, "Os italianos, os bandeirantes e os modernistas paulistas",[11] falo dos impasses da cultura dos modernistas em São Paulo em relação àqueles estrangeiros e destaco a figura de Antônio de Alcântara Machado, único a resgatar positivamente o italiano. Retornei a esse tema procurando explorar uma questão intrigante: a realidade social da imigração italiana parece não encontrar espaço equivalente na literatura ficcional. Como explicar isso? Como explicar que a presença avassaladora do imigrante na vida paulista não se faça presente de forma significativa, por exemplo, na produção dos literatos modernistas?

O desdobramento desse capítulo me lançou o desafio de tentar compreender os imigrantes que foram para o "sertão" e contribuíram para a constituição da cultura caipira. Com o texto "Do caipira picando fumo a Chitãozinho e Xororó",[12] retornei aos textos clássicos das ciências sociais que abordam o universo cultural do homem rural no Brasil e que deram origem a uma matriz da sociologia paulista ocupada com a cultura

---

[9] O tema deu origem a um pequeno livro intitulado *O Brasil dos imigrantes*, publicado pela Jorge Zahar em 2001, e que faz parte da coleção Descobrindo o Brasil.

[10] Com esse material redigi um artigo com o mesmo título, publicado na revista *História Unisinos*, São Leopoldo, Unisinos, v. 5, n. 3, p. 87-104, 2001.

[11] Foi apresentado em parte no Grupo de Trabalho Pensamento Social no Brasil, da Anpocs, em reunião anual acontecida em outubro de 2002 em Caxambu.

[12] Uma primeira versão foi publicada na *Revista USP*, n. 59, p. 232-257, set./out./nov. 2003.

caipira. A obra de Antonio Candido, *Os parceiros do Rio Bonito*, e a de Maria Isaura Pereira de Queiroz, *Bairros rurais paulistas*, possibilitaram delimitar questões sociológicas fundamentais, que me permitiram acompanhar a trajetória de algumas figuras do universo caipira. Foi no livro de Maria Isaura que encontrei a pista central sobre a presença do imigrante no universo rural. Menciono figuras de sucesso da cultura popular que passaram do mundo imigrante para o caipira, como Tonico e Tinoco, Adoniran Barbosa, Mazzaropi, entre outros, e que constituem tipos que integram o *melting pot* da cultura popular brasileira. Pretendi também sinalizar de que modo o agribusiness e o circuito de rodeio constituem o espaço social para o surgimento dos "neocaipiras" e como o "atrasado" de ontem se torna o globalizado de hoje.

A análise do imigrante e de sua contribuição à cultura caipira, da presença do migrante nordestino e da modernização de setores do mundo rural são temas aqui apenas mencionados e ainda estão a merecer maior dedicação de novas pesquisas. Espero que as "pistas" aqui presentes sirvam de desafio para motivar futuros trabalhos.

Por fim, no capítulo "Portugueses e brasileiros: uma relação tão delicada",[13] exploro as diferentes relações entre esses dois povos e culturas. A relevância dos trabalhos existentes sobre o tema — muitos citados na bibliografia — levou-me a fazer apenas um vôo panorâmico sobre as questões da emigração portuguesa e a dar maior ênfase às imagens dos dois países construídas no imaginário da elite letrada portuguesa e brasileira. As relações entre os dois povos, nomeadas aqui como "tão delicadas", nos permitem pontuar as complexas relações entre passado, presente e futuro.

Os ensaios reunidos neste livro tiveram por meta observar o tema do imigrante e as questões advindas do contato cultural com esse "outro", daí o título *Nós e eles*. Essas questões foram tratadas na sociologia pelos conceitos de aculturação, de assimilação, que são tributários de uma das trilhas da sociologia acadêmica que andou pesquisando aculturação e assimilação desde suas origens na Escola de Sociologia e Política e na Universidade de São Paulo a partir dos anos 1930. Basta observar as pesquisas de alguns dos principais autores que se formaram nesses espaços. Marialice Foracchi, Octávio Ianni, além de Egon Schaden e Emílio Willems, mestres dos acima mencionados, têm trabalhos sobre o tema. Thales de Azevedo e José Arthur Rios também escreveram seus textos sobre o assunto. A revista *Sociologia* publicou inúmeros artigos sobre o tema. Os trabalhos de Antonio Candido, de Maria Isaura Pereira de Queiroz e de João Baptista Borges Pereira, entre outros, ao analisarem grupos específicos de sociedades caipiras, grupos rurais, também integram essa mesma linhagem. O tema permite lidar com a estrutura e a mobilidade social, eixos centrais da análise sociológica.

Se ontem o que interessava estudar era a aculturação e a assimilação dos imigrantes e seus descendentes à sociedade brasileira, agora importa redimensionar o papel e o

---

[13] Uma primeira versão foi publicada na revista *ArtCultura*, n. 9, 2004.

lugar dos imigrantes na construção do país, o que se faz reelaborando as histórias e as trajetórias de cada um dos grupos, e, hoje, os conceitos em uso para tratar do contato cultural são diversidade, hibridismo e até diáspora.

Acompanhando os trabalhos de ontem e de hoje sobre o tema posso dizer que essa pesquisa permitiu que eu me sentisse parte de uma grande "família sociológica".

Bibliografia

ASSMAN, Aleida. A gramática da memória coletiva. *Humboldt*, Gothe-Institut Inter Nations, n. 86, p. 2-4, 2003.

BORGES, Stella Maria Araújo. Identidade étnica: idéia positiva de identificação; italianos e seus descendentes em Porto Alegre/RS. *História Unisinos*, São Leopoldo, p. 57-82, 2002. (Número especial).

BOSI, Eclea. *Memória e sociedade; lembranças de velhos*. 2. ed. São Paulo: T. A. Queiroz, Edusp, 1987.

CANCLINI, Néstor García. *A globalização imaginada*. São Paulo: Iluminuras, 2003.

CASTALDI, Carlo. O ajustamento do imigrante à comunidade paulistana. In: *Mobilidade e trabalho: um estudo na cidade de São Paulo*. Rio de Janeiro: CBPE, Inep, 1960.

CLIFFORD, James. Cultura viajante. In: ARANTES, Antônio Augusto (Org.). *O espaço da diferença*. Campinas: Papirus, 2000. p. 51-79.

COSTA, Maria Cecília Solheid da. O violino que só tocava em polaco; do estigma à reconstrução da identidade de poloneses no Paraná. *Estudios Migratorios Latinoamericanos*. Buenos Aires, v. 10, n. 29, p. 29-52, 1995.

DIAS, Angela Maria. Alegoria do imigrante no Brasil: reflexões em torno de *Uma história de família*, de Silviano Santiago. In: *A missão e o grande show*. Rio de Janeiro: Tempo Brasileiro, 1999. p. 55-78.

HALL, Stuart. Identidade cultural e diáspora. *Revista do Patrimônio Histórico e Artístico Nacional*, n. 24, p. 68-75, 1996.

HUYSSEN, Andreas. *Seduzidos pela memória*. Rio de Janeiro: Aeroplano, 2000.

KLEIN, Herbert. A integração do imigrante italiano no Brasil, na Argentina e nos Estados Unidos. *Novos Estudos Cebrap*, São Paulo, n. 25, p. 95-117, out. 1989.

NEVES, Lucília de Almeida. Memória, história e sujeito: substratos da identidade. *História Oral*, Associação Brasileira de História Oral, n. 3, p. 109-116, jun. 2000.

PIÑON, Nélida. O que é a *República dos sonhos*. In: SOSNEWSKI, Saúl; SCHARTZ, Jorge (Orgs.). *Brasil: o trânsito da memória*. São Paulo: Edusp, 1994. p. 91-99.

POLLAK, M. Memória, esquecimento, silêncio. *Estudos Históricos*, v. 2, n. 3, p. 3-15, 1989.

RAMOS, Jair de Souza. *O ponto da mistura: raça, imigração e nação num debate de década de 20*. 1994. Dissertação (Mestrado) — PPGAS, Rio de Janeiro, 1994.

SAID, Edward W. *Orientalismo*. São Paulo: Companhia das Letras, 1990.

———. *Reflexões sobre o exílio e outros ensaios*. São Paulo: Companhia das Letras, 2003.

SALLES, Maria do Rosário Rolfsen. Política imigratória brasileira no pós-Segunda Guerra Mundial, uma análise dos artigos publicados pela revista *Imigração e Colonização*. *Cadernos Ceru*, São Paulo, s. 2, n. 13, p. 99-124, 2002.

SAYAD, Abdelmalek. *A imigração*. São Paulo: Edusp, 1998.

SEVERINO, José Roberto. Noi oriundi: *cultura, identidade e representações da imigração italiana em Santa Catarina*. 2004. Tese (Doutorado) — USP, São Paulo, 2004.

SOSNOWSKI, Saúl. Contra os consumidores do esquecimento. In:. SOSNOWSKI, S.; SCHWARTZ, J. *Brasil: o trânsito da memória*. São Paulo: Edusp, 1994.

1

Os filhos de Santiago em terras brasileiras*

No fim do século XIX e início do XX, os intelectuais brasileiros, guiados pela "superioridade" da civilização européia expressa nas leis naturais, passaram a discutir o atraso do Brasil e sua posição de inferioridade no concerto das nações.

A noção de "raça", assim como a de "meio", fornece uma explicação sobre o caráter dos povos. O Brasil passa a ser visto como cadinho da mestiçagem, ainda que sob a supremacia do homem branco, considerado raça superior. Como no contato inter-racial houve a presença da raça superior, era possível esperar o aperfeiçoamento, o progresso do país. Mas a mestiçagem era apresentada como dilema. Se foi ela que permitiu a "aclimatação" da civilização ao trópico, teria mesclado raças desiguais, portadoras de heranças biológicas distintas, e, portanto, seria responsável pelo desequilíbrio da sociedade. Assim, se o meio, o clima tropical, gerava pessimismo, ainda mais pessimista era a análise que tomava raça e mestiçagem como parâmetros para o diagnóstico do atraso brasileiro.

Diante do impasse de construir uma nação com o estoque de raças e a mestiçagem acumulados no Brasil, é produzido um pensamento que projeta no futuro a formação de uma "raça brasileira". O caráter nacional se realizaria no futuro, na utopia de constituição de um tipo brasileiro. Daí a "teoria do branqueamento", cadeia evolutiva que eliminaria os estigmas das raças inferiores, configurada na expectativa de que em três a quatro gerações todos seriam brancos, teriam embranquecido como resultado do contínuo processo de mais mestiçagem.

Intelectuais brasileiros, construtores da teoria do branqueamento, viam a vinda de imigrantes brancos como um bem. O mestiço original poderia ser melhorado, caso se introduzissem mais brancos à mistura original. A seleção de imigrantes obedeceu principalmente à demanda do branqueamento. A possibilidade de miscigenação e a disponibi-

---

* Uma primeira versão deste texto integrou meu livro *O Brasil dos imigrantes* (2001).

lidade à assimilação são variáveis fundamentais na definição dos imigrantes que seriam desejáveis. O imigrante teria o papel de contribuir para o branqueamento da população ao submergir na cultura brasileira por meio da assimilação.[14] A entrada de mais brancos europeus pela imigração que ajudaria a resolver o problema da "mão-de-obra" foi também justificada e defendida segundo essa lógica da "teoria do branqueamento".

A construção de uma grande nação nos trópicos, sonho da elite imperial de origem portuguesa, envolvia a ocupação do território que já fazia parte da nação. Os vazios deveriam ser ocupados, de preferência com população branca. A imigração comandada pelo governo imperial no século XIX preenchia essa demanda: atrair estrangeiros para povoar e colonizar os vazios demográficos, permitindo a posse do território e a produção de riquezas. O imigrante desejado era o agricultor, que viveria em colônias organizadas nas terras devolutas do governo e em sistema de pequena propriedade. Não era fácil atrair imigrantes durante o século XIX: o latifúndio, a escravidão e a Igreja Católica dificultavam a vinda de colonos protestantes. As colônias de italianos e de alemães do sul do Brasil são exemplos dessa política imperial. Por outro lado, as transformações na economia do país recolocavam a carência de mão-de-obra como questão-chave. O tráfico de escravos tinha sido oficialmente proibido; a libertação dos escravos de mais de 60 anos e, por fim, a abolição, em 1888, alçaram a questão de braços para os cafezais — a mais importante atividade econômica do país — a questão central.

Criaram-se assim condições para a entrada no país de grande leva de imigrantes. O fluxo imigratório para o Brasil foi mais intenso entre 1880 e 1920, e principalmente na década de 1890, quando se registrou o maior volume de entrada, mais de 1,2 milhão de imigrantes, sendo a maioria da Europa, principalmente italianos. Expulsos pelas crises européias — a segunda Revolução Industrial, a decadência de regiões agrícolas mantidas sob ocupação quase medieval, o processo de expulsão dos excedentes populacionais —, os imigrantes vieram fazer a vida na América.

No processo de modernização do país foi importante a incorporação desse enorme contingente de imigrantes, que, fugindo das condições de penúria da Europa, vieram "fazer a América" no Brasil. Foram aceitos mais facilmente aqueles que pela proximidade de traços físicos (ser branco) e culturais (religião católica, língua próxima) puderam ser assimilados mais rápido. Portugueses, espanhóis, italianos correspondem a esse perfil do imigrante desejado. Os japoneses que começam a entrar no país em 1908, por outro lado, foram aceitos em nome de argumentos que enfatizaram a necessidade de mão-de-obra capaz e altamente produtiva. Essa é a visão da elite quando a sociedade brasileira começa a enfrentar a carência de mão-de-obra e a necessidade de vencer o desafio de se tornar uma sociedade moderna. As particularidades de cada grupo, de cada família que

---

[14] Maio e Santos, 1997.

emigrou para o Brasil devem então merecer tratamento diferenciado. Aqui estaremos perseguindo especialmente o grupo de galegos que fez da Terra de Santa Cruz sua nova terra.

É importante lembrar que espanhóis e portugueses desfrutam de situação singular no Brasil. São muito próximos, irmãos mesmo, e ao mesmo tempo distintos. Os portugueses foram os colonizadores, representavam a presença européia, a civilização, no país de mestiços. Enfrentaram ao longo do tempo ondas de aceitação e de rejeição, desde a independência, quando os já nascidos na terra desenvolveram o projeto de autonomia em relação à metrópole. O fato de a independência brasileira ter sido realizada sob controle da dinastia portuguesa acrescenta traços peculiares ao Brasil, entre os quais a manutenção do regime monárquico durante o século XIX, quando as demais ex-colônias da Espanha se tornaram repúblicas.

Para além desses colonizadores, novas levas de portugueses imigrantes já vinham tentar a vida no Brasil, concentrando-se em atividades urbanas nas maiores cidades do país — entre elas Rio de Janeiro e Salvador — e detendo o controle do comércio atacadista e varejista, e a propriedade de moradias para aluguel, as famosas casas de cômodo, onde reside a população urbana pobre.[15] A concentração nessas atividades faz dos portugueses o alvo de ataques da população urbana, em sua luta contra a carestia do custo de vida. O romance *O cortiço*, de Aluísio Azevedo, apresenta uma interpretação sobre o português no início do século XX.

Os espanhóis em São Paulo

Os espanhóis que se dirigiram para São Paulo têm sido objeto de diferentes estudos.[16] O trabalho de Maria Antonieta Antonacci e Laura Maciel (1995) acompanha os modos de vida e de trabalho desses imigrantes na cidade de São Paulo, assim como o contato com outros imigrantes ali estabelecidos. Para as autoras, os espanhóis sofreriam de um processo de "invisibilidade", devido a sua dispersão na cidade e à presença majoritária dos italianos. Ao entrevistar velhas imigrantes espanholas, Antonacci traça um itinerário dos problemas enfrentados: questões de moradia, contato com outras etnias, tipos e dificuldades no emprego, medo e insegurança que se manifestava diante de uma sociedade em contínua expansão. As histórias de suas famílias é reconstituída desde as origens familiares, quando predomina a atividade agrícola. Para além das diferenças individuais de cada uma das entrevistadas, a autora encontra como traços comuns a precariedade e insegurança das condições de vida e trabalho, sem respaldo e sem reconhecimento; a fragilidade das relações com autoridades governamentais e com empresários,

---

[15] A relação entre portugueses e brasileiros é tratada no capítulo 4.

[16] Aguiar, 1991; Klein, 1994; Gattaz, 1996.

geralmente de outras nacionalidades; fronteiras tênues entre abundância e miséria, dependentes dos espaços e das relações construídas e reconstruídas ao ritmo das especulações imobiliárias e da concentração de riqueza e poder.[17]

Na cidade de São Paulo, os espanhóis se inserem nas atividades de comercialização de garrafas, metais (cobre e chumbo) e na venda de sucatas, ou seja, atividades estigmatizadas como marginais na economia. Outros exercem atividades ligadas ao comércio em cafés, bares, restaurantes e hotéis, o que indica estarem fora da imigração subvencionada, que encaminhava os imigrantes para a vida rural. Entre eles também se faz notar os que atuavam no mundo das diversões, em grupos teatrais, como artistas, diretores e cinegrafistas. Vale o exemplo de Francisco Serrador, "um dos pioneiros e maior empresário da área de cinema de São Paulo, (...) que, desde 1905, exibia filmes como ambulante e montou a primeira sala fixa de exibição de filmes, denominada Eldorado".[18] Nascido em Valência, Francisco Serrador Carbonell viveu em Curitiba, depois em São Paulo e, por fim, mudou-se para o Rio de Janeiro, onde construiu, na década de 1920, a "Broadway" brasileira, a Cinelândia, quarteirão entre o Teatro Municipal e o antigo Palácio Monroe. Empresário de teatro de variedades, foi seduzido pelo cinema e chegou a ter 400 salas de projeção em todo o Brasil, sendo figura importante na divulgação do cinema norte-americano no país. A moda lançada nas calçadas da Cinelândia, no Rio de Janeiro, permanece viva nas caricaturas de J. Carlos que até hoje encantam a todos.[19]

O número e a abrangência da imigração em São Paulo tornam a cidade e o estado focos principais dos mais importantes estudos sobre essa temática. O caso paulista demanda o tratamento da inserção do imigrante não só na cidade, mas também no mundo da fábrica. Se os espanhóis são invisíveis em São Paulo, mais ainda são os galegos que submergiam na nacionalidade espanhola.

Por outro lado, é possível detectar traços marcantes da realidade sociológica dos espanhóis em geral, e dos galegos em particular, se considerarmos outra situação, na qual os componentes culturais do grupo de origem possam se apresentar de modo mais visível. Daí minha escolha em trabalhar com o caso, muito menos conhecido, dos galegos em Salvador.

Os galegos em Salvador

A Bahia viveu durante muito tempo das glórias do passado colonial expressas nas igrejas barrocas, na arquitetura fantástica de Salvador — uma Lisboa nos trópicos —,

---

[17] Antonacci, 2002:24.
[18] Máximo, 1997:15.
[19] Ibid.

como primeira capital. Conscientes de que o Brasil nasceu na Bahia, com a chegada das naus de Cabral, orgulhosos de terem sido os consolidadores da independência (o fim da luta pela independência aconteceu na Bahia em 1823, o que produziu o feriado de 2 de julho), os baianos viveram um longo processo de decadência econômica e política após a descoberta das minas e a transferência da capital para o Rio de Janeiro em 1763.

O processo de perda de importância econômica e política se acentuou ainda mais com a chegada da família real em 1808. Em meados do século XIX, Salvador, cidade fundada em 1549, passou a viver as oscilações resultantes dos desequilíbrios da economia nacional. A cidade, porém, se beneficiou do crescimento da exportação de produtos agrícolas — algodão, café e cacau — para o mercado europeu.

As glórias do passado fundamentaram o tom profundamente elitista da sociedade baiana, com suas grandes famílias e seu comportamento aristocrático, constituindo como que uma nobreza da terra. Foi na Bahia, profundamente impregnada de preconceitos raciais, que se desenvolveu a Escola Baiana de Medicina, com Nina Rodrigues à frente, absorvendo da Europa a ciência racialista que classificava os povos segundo seus traços raciais.[20]

Desde suas origens, Salvador é marcada por forte atividade comercial. A fragilidade do setor industrial e sua agricultura de exportação só fizeram reafirmar sua vocação comercial. E foi nessa atividade que se inseriram os portugueses e depois os espanhóis que chegaram a Salvador. Em 1950, com a descoberta de petróleo no Recôncavo, Salvador ingressou em nova etapa de crescimento, decorrente da atuação do poder público e da implantação de novas indústrias. Houve assim um renascimento da economia baiana a partir dos anos 1950 e que se acentuou nos anos 60 com a criação do Centro Industrial de Aratu.

A sociedade baiana contou, desde seus primórdios, com um enorme contingente de negros e de mestiços em sua população. Essa presença garantiu a manutenção de traços culturais africanos que se fizeram notar no candomblé, na capoeira, na comida, na música e que, apesar da recusa por parte da elite, foram se integrando como perfil da cultura popular e aos poucos passaram a ser ingrediente básico da cultura nacional.

A obra de Jorge Amado exemplifica uma nova versão da mistura das três raças originais e ajuda a produzir a imagem de um paraíso racial. As figuras populares, mestiças, presentes em seus romances, falam da alegria, da sensualidade, da sexualidade, do sincretismo religioso. Jorge Amado, entre outros intelectuais, produziu uma mudança de sinal na interpretação dos traços da cultura baiana e brasileira.

Diversos acadêmicos norte-americanos e franceses estiveram no Brasil e em Salvador nos anos 1930 para estudar as condições de convivência entre brancos e negros.

---

[20] Corrêa, 1998.

Como viajantes do século XX vinham confirmar a democracia racial e passaram a considerar que o exemplo baiano deveria ser seguido por outros povos como forma de enfrentar os problemas do contato e do confronto entre raças.

O imaginário do paraíso racial, contudo, enfrenta dilemas que até hoje se fazem presentes. O Carnaval de Salvador, que seria exemplo de democracia racial, apresenta blocos só de brancos e outros restritos aos negros... "O Carnaval reflete o racismo que está encravado na sociedade baiana", diz o antropólogo Antônio Risério.[21]

Foi nessa sociedade composta por brancos aristocráticos, por muitos negros e mestiços, que aportaram portugueses, italianos, judeus e espanhóis. A maioria desses imigrantes se espalhou na vida da cidade e do estado e não conserva traços que os identifiquem. No passado, os italianos foram mais importantes e visíveis do que são hoje. Esses tempos são lembrados por um *jingle* famoso — "Adão não se vestia porque Spinelli não existia" —, referindo-se à famosa loja de propriedade italiana que era sucesso em Salvador. Havia também um refrigerante famoso: *Fratelli Vita*, como sinal da presença italiana na atividade comercial da Bahia.

Os galegos, como outros imigrantes, foram atraídos pelo sonho de enriquecimento que no final do século XIX comandou a grande migração para a América. A Galícia disputou com a Irlanda, entre 1891 e 1915, o primeiro lugar entre as regiões européias de maior emigração. Fala-se mesmo de uma "diáspora" galega. Estima-se que, entre 1880 e 1920, mais de 1 milhão de galegos tenha cruzado o Atlântico. Vieram principalmente para a Argentina, Cuba, Brasil, México, Uruguai, Venezuela, e se localizaram nas áreas urbanas. Do total dos galegos que deixaram a Espanha, 20% vieram para o Brasil, destino mais procurado depois da Argentina e da Venezuela.

Os imigrantes espanhóis que chegaram a Salvador provinham, em sua maioria, da Galícia, região pobre, colonizada, sufocada pelo governo central em Madri, e que não apresentava maiores perspectivas para seus habitantes. Os camponeses galegos emigraram primeiro para outras regiões da Espanha e para Portugal, em um processo de imigração temporária, para trabalhar e aguardar o retorno tão logo melhorassem as condições de suas aldeias.

As condições econômicas, marcadas por uma agricultura atrasada e pelo sistema de herança, que fazia só um dos filhos herdar a propriedade, são fatores de expulsão dos jovens galegos. A emigração era o destino possível dos deserdados. Os que emigravam não eram os mais atrasados e pobres e, sim, aqueles que conseguiam informações sobre as oportunidades de trabalho nos locais de destino. E isso era obtido pela montagem de uma rede de relações de parentesco e vizinhança que também garantia apoio comunitário ao recém-chegado. Foi a tradição migratória do tipo sanzonal ou temporária que

---

[21] *Veja*, 2 jun. 1999.

levou os galegos para cidades vizinhas em Portugal, onde se estabeleceram os laços e relações que favoreceram a emigração para o Brasil. Os galegos foram estigmatizados como "folgados", sujos, simplórios em Lisboa, no Porto, em Madri, em Sevilha, como seriam também na América. Por outro lado, sua grande mobilidade espacial é que permitiu a construção de um imaginário que auto-representa o galego como viajante, como desbravador... E sua população, além de viajante e desbravadora, seria marcada pela "morrinha", um sentimento de recordação permanente da terra e de seus entes queridos (seria a versão galega de saudade?).

O número de imigrantes em Salvador é muito pequeno, não mais de 1% da população. Entretanto, o que chama a atenção é a concentração dos imigrantes espanhóis originários de uma mesma microrregião da Espanha. Entre os espanhóis de Salvador, mais de 90% são galegos e a maioria partiu do porto de Vigo. É importante ressaltar que saber o local de origem dos imigrantes mais antigos é muito difícil, já que os registros só indicam a nacionalidade e o porto de saída. Mas, com os poucos dados disponíveis, pode-se dizer que foi basicamente uma emigração masculina, originária da província de Pontevedra — área camponesa, pobre e de larga tradição emigratória.[22] Os homens que emigraram, os deserdados, quando alcançavam alguma posição na nova terra mandavam buscar mulheres na Galícia para se casar ou voltavam à Galícia para o casamento, o que permitia a renovação dos vínculos com a terra natal.

É possível entender a escolha de Salvador como porto de destino através do contato dos galegos com Portugal — principal destino da emigração dos galegos até 1830 — e com portugueses já estabelecidos na Bahia. O êxito alcançado pelos primeiros galegos que chegaram à cidade foi fator relevante a incentivar o fluxo imigratório. Pode-se citar o caso de Pedro Molina, exemplo de galego dos primeiros anos que venceu na Bahia, e que foi um dos fundadores da Sociedade Espanhola de Beneficência.

Os espanhóis substituíram os portugueses como principais retalhistas estrangeiros. Suas casas comerciais se concentraram no coração do centro antigo de Salvador. Localizaram-se primeiro no bairro Liberdade e, depois, se espalharam por toda a cidade, tornando-se um grupo de expressão econômica no comércio de Salvador desde a primeira metade do século XX.

Os jovens galegos que chegam a Salvador vão trabalhar no comércio de secos e molhados, padarias, pastelarias de outros espanhóis chegados antes. Viajam sozinhos, com passagem financiada por parente ou patrício, trazendo poucos bens. Logo ao chegar são submetidos à inspeção alfandegária e enfrentam dificuldades de comunicação no

---

[22] Os dados apresentados sobre os galegos em Salvador foram extraídos do relevante trabalho de Célia Maria Leal Braga (1995).

porto de entrada. Ficam temerosos de serem deportados, principalmente no período de repressão aos imigrantes anarquistas.

Ao chegar à Bahia muitos deles têm o primeiro contato com negros. "Os negros estão ali, como uma aparição espantosa, expressando a descoberta de que o seu mundo, até então conhecido, antagonizava em aberto a tudo que passava a conhecer".[23]

Os galegos que vão trabalhar no ramo de alimentos e bebidas, em sua maioria, moram nos fundos do estabelecimento comercial e trabalham entre 12 a 16 horas por dia. Os estabelecimentos galegos se caracterizam pela presença dos patrões, de seus familiares, parentes e empregados, todos trabalhando juntos com objetivo de vencer na vida, de enriquecer. Muitos dos recém-chegados se consideram explorados pelos patrões, que os obrigam a trabalhar sem descanso e a dormir em cima do balcão. De qualquer modo, predomina uma valorização exacerbada do trabalho que envolve grande sacrifício e economia, em função da meta a alcançar: vencer na vida e retornar rico.

A meta de retornar vitorioso sintetiza o projeto do emigrante galego. Para isso, é preciso associar capital e trabalho. Sua estratégia seria muito trabalho e muito sacrifício, suportando condições subumanas de sobrevivência. Ao fazer isso eles acabam estabelecendo novos padrões de trabalho, diferentes dos da terra de origem. Nas aldeias da Galícia a vida obedece a relações comunais típicas de uma sociedade camponesa onde o trabalho está associado à festa. À valorização exacerbada do trabalho — dedicação e entrega completa ao trabalho —, se soma a defesa de cada sucesso, por menor que seja, que permita a ampliação de seus negócios. Assim é produzida a marca do comportamento do galego na nova terra. O custo desse processo de mobilidade social envolveu ser acusado de fazer uso de procedimentos legais e ilegais para alcançar seus objetivos. E assim a trapaça passa a ser a marca da representação da atuação do galego no comércio de Salvador. É preciso lembrar que essa mesma acusação é dirigida a outros imigrantes no Brasil.

O sucesso alcançado deriva da aplicação do capital acumulado pelo grupo familiar nas casas comerciais e em propriedades urbanas em Salvador, além da aquisição de propriedades na Galícia. Mas a ascensão social não é imediata, nem tranquila, já que os galegos devem vencer a discriminação social que enfrentam na sociedade. Toda vez que há crise de abastecimento, eles são responsabilizados pelo aumento do custo de vida e passam a ser bodes expiatórios, como antes foram os portugueses.

Os galegos são acusados de falar uma "língua enrolada" e de serem exploradores do povo da terra. São considerados sovinas, vivem entre os pobres e como pobres, mas destes se afastam pelo preconceito. Apesar de executarem trabalho braçal, fazem de tudo para não ser identificados como novos "negros da terra", já que sabem perfeitamente que

---

[23] Piñon, 1984:72.

estes são cidadãos de segunda classe. Ou seja, sofrem com o preconceito e são também preconceituosos.

Sofrem enorme pressão social e, no imaginário da cidade, galego passa a ser sinônimo de ignorante, bruto e sem higiene! Waldir Freitas Oliveira, jornalista de Salvador, no artigo "Bahia galega", publicado em *A Tarde*, de 19 de junho de 1999, assim explica essa relação entre os galegos e a população local:

> Não sei de baiano que haja nascido e vivido nesta cidade do Salvador (...) que não haja conhecido galegos. Ainda menino ouvíamos falar mal deles e nos diziam que não mereciam confiança nos pesos e contas, elementos básicos do tipo de seu relacionamento com seus fregueses (...) estando, por isso, todos eles, sempre devendo aos galegos pelas compras feitas em suas vendas. Donde o hábito de falar mal dos galegos haver resultado de momentos de dificuldades maiores ou menores sentidas pelos seus devedores para pagar-lhes o devido.

Nos estabelecimentos comerciais dos galegos, cada família possuía uma caderneta com seu nome e a rua e o número da casa onde residia, na qual era anotado tudo que lhe era vendido ao longo dos dias para ser pago em parte ou no todo no fim de cada mês. Nesses armazéns, as cadernetas foram o meio mais comum de comprar, significando um eficiente sistema de crédito para a classe média.

O sonho de enriquecimento não se realiza para todos e alguns galegos voltam pobres. Outros triunfam e retornam vitoriosos! Outros ainda vencem, mas ficam na nova sociedade. Permanecem galegos, mas já são também baianos. Retornam, não para ficar, mas para mostrar seu sucesso, rever seus parentes. Os que não voltam passam a ser "os galegos da Bahia" e os que retornam são os "brasileiros na Galícia". As remessas financeiras ou os investimentos dos galegos enriquecidos na Galícia são processos recorrentes em todos os grupos migrantes do passado e de hoje, como acontece com os brasileiros que, trabalhando nos Estados Unidos, garantem o movimento na construção civil de Governador Valadares.

Na vida galega de origem, dois núcleos são fundamentais — a paróquia e a aldeia. Nas aldeias são definidas as regras de convívio e a integração de todos os seus membros em um todo comunitário.[24] Ali tem lugar muito trabalho e muitas festas. Festas religiosas que mesclam o sagrado e o profano, com novenas, procissões, bandas de música, quermesses, bailes.

A família e o casamento no grupo constituem a base da sociedade galega, os símbolos de prestígio e a manutenção dos laços fortes com a sociedade de origem. A mulher

---

[24] Em entrevista realizada com Maria del Rosario Alban, professora da UFBA, ela se refere ao local de nascimento de seu pai como "nossa" aldeia.

tem papel muito importante, já que ela é quem preserva a família galega e os laços com a terra de origem. Para a família galega que ficou na Galícia o casamento com emigrante era a possibilidade de sucesso da casa e aumento do prestígio na aldeia. Para o homem galego que vivia em outra sociedade, a mulher da terra natal era um dos indicadores de prestígio. Daí que as relações dos galegos com mulheres negras, ainda que existentes, quase nunca produziam laços estáveis através de casamento.

As resistências e os preconceitos da sociedade que os recebia eram vencidos de diferentes maneiras. Faziam campanhas pela imprensa, propaganda de estabelecimentos comerciais, contribuições para o Carnaval, criavam clube de futebol, todas iniciativas acionadas para vencer as resistências da sociedade local. De outro modo, procuravam se organizar e atuar em conjunto, principalmente através de associações, que, até recentemente, queriam mostrar que tinham incorporado a tendência assimilacionista da cultura brasileira. Lutavam para vencer a posição de inferioridade, negavam a origem, tornavam o castelhano língua oficial, proclamavam-se espanhóis e, ao mesmo tempo, perfeitamente integrados à vida nacional.[25]

Foram os imigrantes que tiveram sucesso, aqueles que formam uma elite emergente, que protagonizaram a criação de instituições mutualistas, recreativas, culturais visando o bem-estar da comunidade e melhorias no país ou no local de origem.

Entre as associações criadas em Salvador pelos espanhóis, uma das mais importantes é a Real Sociedade Espanhola de Beneficência, fundada em 1885 para cuidar da saúde e prestar assistência social aos espanhóis radicados na Bahia. Em 1887, foi comprado o terreno onde hoje se situa o Sanatório Espanhol. Em 1911, essa sociedade recebeu o título de "Real" e, em 1925, passou a ser reconhecida como entidade de utilidade pública estadual. Em 1935, realizou sua primeira grande ampliação; em 1965, foi considerada de utilidade pública federal e, em 1966, recebeu certificado de entidade de fins filantrópicos.

Nos anos 1940, durante a II Guerra Mundial, a posição dos espanhóis ficou mais vulnerável. O Estado Novo agia contra quistos estrangeiros no Sul, e a colônia espanhola na Bahia acentuou seu lado "oficial", procurando mostrar às autoridades que era contra os atos de barbaridade que vitimavam os brasileiros — o bombardeamento de navios brasileiros — e que apoiava o governo quando este declarou o estado de beligerância.

Procurava ressaltar que a comunidade espanhola estava identificada com a população brasileira, acatava as leis do país, estava entregue ao trabalho e "nunca se imiscuiu, qualquer que fosse o aspecto, na movimentação da política interna do país". E reafirmava que a colônia espanhola estava perfeitamente integrada e radicada no meio brasileiro.

---

[25] Pedro Belmonte disse em entrevista: "Galego era expressão pejorativa e eles (ele também é galego) não queriam ser identificados como tal. Agora isso não é mais assim. Voltam a ser galegos!"

Nesse mesmo espírito, a Real Sociedade doou em 1942 um avião para a formação de pilotos brasileiros em São Paulo, participando da campanha orquestrada por Assis Chateaubriand. O avião foi batizado de Santiago de Compostela! Durante a guerra, o Hospital da Real Sociedade Espanhola de Beneficência da Bahia foi colocado à disposição das autoridades brasileiras. Era importante apresentar a comunidade como perfeitamente integrada e radicada no Brasil. Dessa sociedade fazia parte o grupo da elite galega: Manuel Martínez Vázquez, Manuel Falcon Mariño, Francisco Hermida Oubiña, Juan Manuel Albán Garrido, entre outros nomes, figuras que se mobilizavam e se destacavam no trabalho de autoconsciência do grupo.

Outra associação importante é o Centro Espanhol, criado em 1929 para cuidar do lazer, e que foi exclusivo para espanhóis até 1942. Sua abertura para não-espanhóis permitiu a socialização de normas de conduta da classe dominante baiana pelo espanhol que desejasse se integrar à vida da cidade. Esse centro inaugurou uma nova sede em 1948 no Corredor da Vitória, tendo a festa contado com a presença do governador Otávio Mangabeira.

O Galícia Esporte Clube foi criado também nos anos 1930 e se tornou campeão baiano em 1938. Na construção da memória desse clube é destacada a inclusão de negros entre seus jogadores.

Essas associações dos espanhóis/galegos foram criadas nos anos 1930, ou tiveram atuação marcante por ocasião do conflito mundial, quando precisavam mostrar sua assimilação à cultura brasileira.

Após o término da II Guerra Mundial, houve uma nova corrente emigratória. Em 1946, Franco, um galego que chegou ao poder com a Guerra Civil Espanhola de 1936-39, abriu as portas para a emigração, tentando solucionar a grave crise econômica do país. A Galícia, que já sofrera com a Guerra Civil e com a II Guerra Mundial, continuou a sofrer com as dificuldades econômicas, já que a Espanha não foi incluída na ajuda representada pelo Plano Marshall para a reconstrução da Europa. A centralização do governo Franco, que proibia a autonomia das regiões, acentuou o conflito de identidade do galego com a Espanha. Na escola, a criança aprendia a ser espanhola, aprendia a usar o castelhano e convivia com os símbolos nacionais — a bandeira, o hino, os feriados; em casa, mesmo sendo proibido pelo regime, continuava-se a falar galego e a cultuar as tradições preservadas pelos mais velhos.

A língua passou a ser o instrumento definidor da identidade regional galega no processo de renascimento cultural que aconteceu na Espanha, mas que tomou forma e ganhou dinamismo na América, pela recuperação de marcas culturais, sobrevivências, aqui mantidas. A língua tão misteriosa, tão próxima do português de hoje e ao mesmo tempo tão distante, exerce tal fascinação que teria "capturado" inúmeros brasileiros. O poeta baiano Godofredo Filho, com sua *Musa galega*, despertou muitos para a força da poesia galega e apontou seus nexos com o sertão. A similaridade da Galícia com o sertão, até pela sonoridade das palavras, permite inclusive associar o galego à produção de Guimarães Rosa!

Os novos tempos da cultura galega podem ser inferidos pelas novas associações criadas pelos galegos da Bahia, entre elas o Caballeros de Santiago, clube fundado em 22 de novembro de 1960, que teve uma primeira sede em 1967, estando a atual localizada no valorizado bairro do Rio Vermelho desde 1989. Como sociedade cultural, tem por objetivo difundir a história, a cultura e as tradições galegas na Bahia. Possui um boletim informativo, cujo primeiro número data de dezembro de 1996, e tem endereço na Internet.[26] Sua conexão com a Galícia pode ser notada pelos recursos que recebe do governo regional, a *Xunta* de Galícia. Essa sociedade fala da cultura galega como separada e diferente da espanhola.

Outra manifestação dos galegos de Salvador é o Clube do Rio Tea, onde acontecem as festas da comunidade e os galegos originários de várias aldeias por onde passa o rio Tea se reúnem. Na festa de sua padroeira, a vida comunal é revivida cultivando-se as melhores tradições da aldeia.

Essas associações e clubes permitiram a coesão dos membros do grupo e os fortalecem no processo de inserção na sociedade baiana e brasileira.

Com o crescimento da cidade nos primeiros anos do século XX, os galegos foram ocupando o comércio de secos e molhados e criando ligações, ainda que conflitantes, com a comunidade local. Seus filhos passaram a estudar em colégios baianos e, assim, novos elos foram criados com a sociedade. Os descendentes dos primeiros imigrantes e os recém-chegados puderam participar do processo de transformação econômica por que passa Salvador. Nos anos 1950, momento em que surgiram as primeiras iniciativas de implantação de supermercados, os armazéns galegos foram atingidos diretamente. Muitos galegos participaram dessa nova forma de comercialização, outros mudaram de ramo e converteram seus armazéns em restaurantes, lanchonetes e padarias mais equipadas. Eles participaram das transformações por que passou a cidade e, assim, deixaram de ser um grupo grande e pobre para se tornar um grupo pequeno mas com presença significativa na economia baiana. Os galegos estão presentes em diversos setores da sociedade baiana, como em casas comerciais, no setor de comestíveis, na construção civil, em agências de viagem, em hotéis, em grupos de música, além de deter cerca de 20% do transporte de ônibus na cidade e ser proprietários de inúmeras agências funerárias, entre outros. O número de galegos diminuiu, mas sua visibilidade parece ter aumentado.

---

[26] <www.caballeros.com.br>.

No Rio de Janeiro, os galegos também tiveram que se situar entre a identidade espanhola e a galega. E seria também através de uma associação cultural — a Casa de España, criada em 1980 — que procurariam definir seu espaço e sua identidade no novo cenário espanhol, brasileiro e global. Sua vida social e organização nessa nova associação cultural possibilitaram a construção e reconstrução de sua identidade, assim como sua diferenciação da comunidade espanhola, aquela constituída pela velha imigração.[27] Os galegos não querem permanecer identificados como imigrantes, como aqueles expulsos de uma Espanha na qual a Galícia era uma das províncias mais pobres, querem, sim, ser vistos como partícipes da Espanha moderna. Nesse novo contexto é que os galegos encontraram espaço para a valorização de sua cultura.

O papel histórico dessas instituições criadas pelos galegos na América e no Brasil vem sendo discutido. Por um lado, guardariam o que seria uma Galícia ideal. Por outro, expressariam o sonho da comunidade de emigrantes de renovar e modernizar a região de origem. Foi no espaço dessas comunidades que se mantiveram referências simbólicas originais, como o uso da bandeira (azul e branca), a criação em 1907 de um hino galego apresentado pela primeira vez em Havana, e o emprego crescente da língua galega. Assim, os galegos mostraram a capacidade de reconstruir sua sociedade ao tempo que eram abandonados ou desprestigiados pelo Estado espanhol.

A Galícia, uma das três nacionalidades históricas entre as 17 comunidades autônomas que integram a Espanha, tem governo próprio: a *Xunta* de Galícia. Seu idioma é o galego, língua românica surgida ao mesmo tempo que o castelhano, o francês, o italiano, o romeno e o catalão. A língua galega aparece como marca fundamental de identidade dos galegos espalhados pelo mundo. O Conselho Geral da Emigração se ocupa dos "galegos falantes" em vários países e no Brasil. Cuida também dos galegos idosos e desenvolve o projeto de dar pensão de US$ 200 aos emigrantes com mais de 65 anos que estejam em situação financeira precária. O *Boletim Informativo dos Caballeros* (v. 2, n. 13) informa sobre esse programa e acrescenta uma "pérola": "É importante destacar que o benefício não será liberado para pessoas que tenham transferido patrimônio para os filhos, a quem caberá o sustento dos seus idosos".

Os folhetos de divulgação turística da Galícia mencionam a presença romana nas muralhas de Lugo e único farol do mundo da época romana ainda em funcionamento, localizado em La Coruña. Destacam também a igreja visigoda de Santa Comba de Bande; San Miguel de Celanova, como exemplo de arte mozárabe; e a catedral de Santiago de Compostela, de arquitetura estilo românico-barroco, exemplo maior da cristandade ibéri-

---

[27] Tomo o trabalho de Muniz (1996) como base da exposição sobre os galegos no Rio de Janeiro.

ca. Santiago de Compostela e o Caminho de Santiago constituem, nos dias atuais, expressões culturais universalmente difundidas da identidade galega. "Santiago de Compostela é certamente um dos lugares onde não só se recebe o impacto do mito, mas onde se pode também constatar sua verdade", diz o poeta brasileiro Murilo Mendes, como nos informa Ferreira (1998:38).

As origens de Santiago de Compostela estão relacionadas a uma longa história.[28] O Caminho de Santiago — reconhecido pela Unesco como patrimônio da humanidade — é a rota que permitiu, durante séculos, o intercâmbio de idéias, de conhecimentos que contribuíram para criar o espírito de cristandade na Europa. Todos os anos, milhões de peregrinos caminham em direção ao sepulcro do apóstolo, principalmente no Ano Santo, quando a festa do dia do apóstolo, 25 de julho, cai em um domingo. Foram anos santos: 1993, 1999 e 2004.

A cidade de Santiago de Compostela passou a ter um sinal altamente positivo, seja pelas transformações ocorridas na própria Galícia, que deixou de ser uma região pobre da Espanha, seja pela importância de Compostela no imaginário do fim do século XX, como se observa na divulgação das peregrinações em livros de sucesso como o de Paulo Coelho.

Os galegos constituem um interessante caso da nova relação entre globalização e cultura local, que vem produzindo um interesse contínuo na recuperação de traços regionais, levantamentos de histórias de famílias, valorização de um mundo de tradições que a modernidade julgava em fase de desaparecimento.[29] É nesse processo que os galegos deixam de ser os descendentes de imigrantes espanhóis pobres para se tornar "os filhos de Santiago", como nos diz Katia Muniz (1996).

A experiência da imigração guarda muitas similaridades, independentemente do grupo e da região receptora. O relato das dificuldades e dos choques culturais correspondentes vem sendo expresso em inúmeros livros de memórias, valendo citar *Nür na escuridão*, de Salim Miguel, sobre a imigração de uma família libanesa, e *Negócios e ócios*, de

---

[28] As origens desse lugar estão relacionadas ao apóstolo Santiago, filho de Zebedeu e de Salomé, irmão de João, o evangelhista. Santiago nasceu no povoado de Jaffa, perto de Nazaré, na Palestina. Junto com Pedro, André e João, ele está entre os primeiros discípulos eleitos por Jesus. Santiago viajou da Palestina à Espanha e, na Andaluzia, começou sua pregação, passando por Coimbra e por Braga e chegando à Galícia. Retornou à Palestina e foi condenado à morte por Herodes Agripa, rei da Judéia. Dois de seus discípulos pegaram seu corpo e embarcaram de volta, depositando seus restos mortais na Galícia por volta do ano 44. Esses restos foram descobertos por volta do ano 820 e, no lugar, foi construída uma pequena capela, onde hoje se situa a cidade de Santiago de Compostela. A notícia da descoberta do sepulcro se propagou, dando início às peregrinações. Assim nasceu o Caminho de Santiago! O peregrino se guia pelo luzeiro que está marcado na Via Láctea. A peregrinação se consolidou nos séculos XII e XIII, com a concessão de indulgências espirituais àqueles que o percorressem. O caminho permite trocas e intercâmbios, e com ele nasceu a primeira grande rede assistencial da Europa. Catedrais, vilas e cidades marcam a rota cultural-religiosa.
[29] Oliveira, 2002.

Boris Fausto, de família judia, entre outros. Há, assim, um componente universal no fenômeno da imigração, mas há também particularidades ou singularidades, dependendo do lugar e do tempo em que teve lugar.

No romance *A República dos sonhos*, Nélida Piñon (1984), expõe o complexo relacionamento entre a cultura galega e o Brasil ao longo do século XX. No romance é contada a história do galego Madruga, que chega ao Brasil no início do século fugindo da pobreza de sua aldeia na Galícia. Madruga e seu amigo Venâncio passam por dificuldades e frustrações comuns a todos aqueles que vieram "fazer a América". Madruga casa-se dentro da comunidade galega e forma sua família. O romance recria os ritos domésticos, os valores morais, a sociabilidade dos galegos e sua relação com os brasileiros. O personagem é daqueles imigrantes que prosperam e se tornam um capitalista bem-sucedido, chegando a se relacionar com as altas esferas do poder no Brasil. Tenta manter as tradições de sua terra natal, as hierarquias e o poder de patriarca sobre as gerações mais novas, mas, infelizmente, isso não é mais possível. As transformações da cultura galega no país são mais fortes que o desejo de perpetuação da tradição e ele falha, apesar do seu sucesso. A autora aponta o sentido trágico dessa trajetória.[30]

Outro livro de ficção que trata da imigração espanhola é *Viemos por nuestras aguas* (2005), de Mario García-Guillén, mostrando que essa não é uma questão apenas do passado, dos nossos avós.

A Galícia, como província espanhola, está passando por enormes transformações, assim como a Espanha e Portugal, após seu ingresso na Comunidade Européia. As relações entre Espanha e Portugal também passam por mutações, e o sucesso espanhol é muitas vezes lido como o "perigo espanhol". A reconstrução do discurso da identidade galega, assim como da italiana, envolve a valorização da origem, a recuperação dos vestígios do passado, legitimada pela situação da Galícia hoje. A internacionalização e a construção de uma memória comum operam em conjunto. As relações entre a globalização e o localismo estão em crescente dinamismo e novas experiências de identidades étnicas vêm emergindo desses grupos que vivenciam experiências transnacionais, como os galegos no mundo.

Assim como os galegos, outros imigrantes italianos que se dirigiram para o Rio Grande do Sul e Santa Catarina, e os poloneses que foram para Curitiba,[31] apresentam processos similares. Foram desvalorizados ao chegar ao Brasil, por serem camponeses pobres, e aqui sobreviveram lutando para manter, dentro do possível, os valores originais de seu grupo. Foram estigmatizados, receberam avaliações negativas que os classificavam como atrasados, sujos, com dificuldades de assimilação. No fim do século XX, a partir

---

[30] Guimarães e Vainfas, 2000.
[31] Sobre os poloneses, ver o filme de Sílvio Back *Vida e sangue de polaco* (1982).

das comemorações dos centenários de suas imigrações e correlacionado com os movimentos culturais na Europa, aqueles que mantiveram os traços de origem passaram a ser valorizados como guardiões da tradição, sendo, portanto, extremamente relevantes no processo de reconstrução de suas identidades globais.

Permanece como questão indagar se esses imigrantes galegos se "desgaleguizaram" na nova terra ou, ao contrário, se foi no Brasil que fortaleceram o sentimento de identidade galega. Vale notar também que a emigração galega, assim como a portuguesa, não é página virada da história. A experiência migratória ainda está presente em sua vida social e econômica, já que continuam em migração temporária para outros países da Europa.

Bibliografia

AGUIAR, Cláudio. *Os espanhóis em São Paulo*. Rio de Janeiro: Tempo Brasileiro, 1991.

ANTONACCI, Maria Antonieta. Atravessando o Atlántico: españolas en São Paulo. *Historia, Antropologia y Fuentes Orales*, Barcelona, n. 28, p. 3-31, 2002.

——; MACIEL, Laura. Espanhóis em São Paulo: modos de vida e experiência de associação. *Revista Projeto História*, São Paulo, Educ, n. 12, p. 173-267, 1995.

BACELAR, Jeferson. *Galegos no paraíso racial*. Salvador: CEAO, Ianamá, 1994.

——. *Álbum de imigrantes galegos; memória visual da presença galega na Bahia*. Salvador: Universitária, 1997.

BRAGA, Célia Maria Leal. *Memórias de imigrantes galegos*. Salvador: UFBA, 1995.

CORRÊA, Mariza. *As ilusões da liberdade*. Bragança Paulista: Edusf, 1998.

FERREIRA, JERUSA PIRES. Escritores brasileiros e a Galícia. In: SUÁREZ ALBÁN, María del Rosario (Org.). *Língua e imigração galegas na América Latina*. Salvador: UFBA, 1998. p. 31-49.

GATTAZ, André Gastanheira. *Braços da resistência; uma história oral da imigração espanhola*. São Paulo: Xamã, 1996. 275p.

GUIMARÃES, Lucia Maria Paschoal; VAINFAS, Ronaldo. Sonhos galegos: os espanhóis no Brasil. In: *Brasil — 500 anos de povoamento*. Rio de Janeiro: IBGE, 2000. p. 101-121.

KLEIN, Herbert. *A imigração espanhola no Brasil*. São Paulo: Sumaré, Fapesp, 1994.

MAIO, Marcos Chor; SANTOS, Ricardo Ventura (Orgs.). *Raça, ciência e sociedade*. Rio de Janeiro: Fiocruz/CCBB, 1997.

MÁXIMO, João. *Cinelândia*. Rio de Janeiro: Salamandra, 1997.

MUNIZ, Katia Cristian Puente. *Os filhos de Santiago em terra carioca; a construção da identidade espanhola*. 1996. Dissertação (Mestrado em Sociologia) — UFRJ, Rio de Janeiro, 1996.

OLIVEIRA, Lucia Lippi. Cultura e identidade nacional no Brasil do século XX. In: GOMES, Angela de Castro; PANDOLFI, Dulce Chaves; ALBERTI, Verena (Orgs.). *A República no Brasil*. Rio de Janeiro: Nova Fronteira, CPDOC, 2002. p. 338-369.

PIÑON, Nélida. *A República dos sonhos*. Rio de Janeiro: Francisco Alves, 1984.

SEYFERTH, Giralda. Construindo a nação: hierarquias raciais e o papel do racismo na política de imigração e colonização. In: MAIO, Marcos Chor; SANTOS, Ricardo Ventura (Orgs.). *Raça, ciência e sociedade*. Rio de Janeiro: Fiocruz/CCBB, 1996.

SUÁREZ ALBÁN, María del Rosario (Org.). *Língua e imigração galegas na América Latina*. Salvador: UFBA, 1998.

2

Os italianos, os bandeirantes
e os modernistas paulistas*

Se há um grupo de imigrantes que tem sido muito estudado no Brasil este é o dos italianos. Seu número — constitui o maior contingente chegado ao país — e sua presença no mundo paulista podem nos ajudar a entender esse fenômeno.

Sabemos que os dados sobre a imigração no Brasil são esparsos, pouco sistematizados e mesmo conflitantes. Os números dependem das fontes consultadas. Nas comemorações dos 500 anos, o IBGE apresentou dados oficiais sobre a imigração no Brasil, segundo a nacionalidade, de 1884 a 1939:

Nacionalidade	Total
Alemães	170.645
Espanhóis	581.718
Italianos	1.412.263
Japoneses	185.799
Portugueses	1.204.394
Sírios e turcos	98.962
Outros	504.936

Os dados sobre imigração apresentados por Arthur Hehl Neiva[32] na década de 1940 informam que, do total de imigrantes, 2.033.654 (57,7%) se dirigiram para São Paulo. A distribuição por nacionalidade é a seguinte:

---

* Uma primeira versão deste texto foi apresentada no XXVI Encontro Anual da Anpocs em 2002.
[32] Para mais informações, checar a bibliografia constante no anexo.

Italianos	694.489
Espanhóis	374.658
Portugueses	362.156
Japoneses	85.103
Alemães	50.507
Austríacos	33.133

Se, em termos de Brasil, os italianos dividem sua preponderância com os portugueses, no caso paulista estão na dianteira em relação aos espanhóis, segundo grupo a chegar ao estado. Mesmo que essas estatísticas sejam precárias, elas nos informam sobre um fenômeno que pode ser observado a olho nu por quem chega a São Paulo. E não é também por outra razão que a maioria das pesquisas sobre imigrantes e imigração italiana toma São Paulo como caso de estudo. Há uma bibliografia extensa e significativa a respeito,[33] valendo citar os trabalhos de Zuleika Alvim (1999), que vem pesquisando a criação de diferentes "Itálias" no Brasil e a influência dos imigrantes italianos na sociedade paulista.

Uma primeira leva de imigrantes durou do final do século XIX até os anos 1910, fluxo que foi praticamente paralisado durante a I Guerra Mundial, só sendo retomado a partir de 1919. Nos anos 1920 a situação econômica de São Paulo favoreceu o recebimento de novos imigrantes e entrou em ação um ideário que visava a assimilação dos novos paulistas. Foi também durante e após a I Guerra Mundial que as idéias nacionalistas ganharam espaço e proliferaram nas camadas médias, principalmente entre os estudantes da Faculdade de Direito, *locus* central da formação da elite paulista.

Ao abordar o tema, procuro explorar uma questão paralela que sempre me intrigou: a realidade social da imigração italiana parece não encontrar espaço equivalente na literatura ficcional. Como explicar isso? Como explicar que a presença avassaladora do imigrante na vida paulista não se faça presente de forma significativa na produção dos literatos modernistas?

A mesma questão — a invisibilidade do imigrante italiano na literatura — é mencionada por Constantino Ianni (1972), que trata do fenômeno social da emigração na Itália. Ele se pergunta, tendo em vista a dimensão social do fenômeno, por que os emigrantes não constituem tema central da historiografia e da literatura italianas. A emigração atinge o povo, e os intelectuais tradicionalmente se identificam com os estratos superiores da sociedade. Seu aristocratismo os distancia do povo e de seus dramas, diz Ianni (1972:237). Assim, o distanciamento entre fenômenos sociologicamente relevantes que acontecem nas sociedades e suas débeis presenças nos textos literários pode ser observado

---

[33] Ver anexo.

tanto no caso brasileiro, que recebeu os imigrantes, quanto no caso italiano, que exportou sua mão-de-obra.

Para construir uma explicação plausível, exploro os espaços que os italianos começaram a ocupar na sociedade paulista e sua transformação em "ítalo-paulistas", assim como o pensamento da elite local, que refundava o mito bandeirante em relação a esse "outro". Por fim, retomo três autores importantes do movimento modernista — Paulo Prado, Mário de Andrade e Cassiano Ricardo —, ante os quais se destaca a contribuição de Antônio de Alcântara Machado.

O universo paulista do início do século XX e os imigrantes

Nas duas primeiras décadas do século XX, intelectuais e pensadores reconstruíram uma história na qual o papel de São Paulo e dos paulistas na história brasileira foi reforçado. Isso aconteceu no mesmo momento em que a população da região se tornava mais diversificada pela imigração de estrangeiros e pela constituição de novas camadas sociais. Foi exatamente nesse contexto que se "descobriu" uma suposta estirpe aristocrática na vida paulista. Essa narrativa histórica reservou ao branco português mestiçado com o indígena papel central na condução do processo colonizador. Construiu-se a imagem de uma sociedade maleável, com uma cultura dinâmica, nascida da mescla entre o português e o indígena, berço da aventura do bandeirante, e que seria também capaz de integrar o imigrante. Assim, foi no momento em que a população da região apresentava maior diversificação étnica e social — imigração estrangeira, surgimento do operariado, entre outros — que se procurou assegurar o primado da suposta aristocracia paulista sobre os grupos recém-chegados à vida de São Paulo.

O papel de São Paulo na história brasileira foi reforçado, tomando-se por base tanto a história quanto a geografia. Os bandeirantes desempenharam um papel heróico ao conquistar novos territórios para a Coroa portuguesa, processo facilitado pelo fato de os rios do planalto paulista correrem do litoral para o interior (do planalto para o rio Paraná). Os paulistas haviam se destacado na história brasileira no processo da independência, na construção da riqueza nacional representada pelo café e na substituição da mão-de-obra escrava pela assalariada. São Paulo era assim o palco da ação de uma elite que conduzia os destinos do país.

A diferenciação social presente na cidade, decorrente da imigração estrangeira e das migrações internas, principalmente mineiras para o norte e o nordeste do estado, apresentou-se como um desafio para a aristocracia que construía uma história da região e sua própria história. Era necessário dar uma resposta aos novos atores sociais — proprietários industriais, pequenos e médios fazendeiros, na maioria imigrantes, assim como o crescente operariado e as classes médias que surgiam na cidade. No espaço urbano formou-se uma massa urbana que passou a ser vista como perigosa, o que demandava seu enquadramento.

A transformação desse "outro" em brasileiro envolveu debates sobre a questão sanitária, a eugenia, a escola, a educação física e os esportes,[34] entre outros temas, como se pode observar nas páginas da *Revista do Brasil*, fundada em 1916 e porta-voz de uma elite nacionalista e modernizadora.[35] Por outro lado, nas páginas dessa revista, havia a preocupação de que o brasileiro não se dissolvesse nesse "outro". Se a imigração branca, européia, permitia a recomposição étnica e a prosperidade do país, era preciso cuidar para que o brasileiro não se tornasse submisso a povos mais fortes e mais enérgicos, nos alerta Tânia De Luca (2000:594).

A recuperação da imagem do bandeirante na história brasileira desempenhou uma função mítica capaz de organizar o mundo simbólico, principalmente para os paulistas que atravessavam um processo rapidíssimo de industrialização e que tinham que transformar em brasileiros um enorme contingente de forasteiros, imigrantes que dele participavam. A função mítica do bandeirante permitiu reconciliar pobres e ricos, nacionais e estrangeiros, passado e presente, tradição e modernidade. A revalorização do bandeirante — de seus atributos — serviu não para dizer *quem é* o paulista mas para dizer *como é* o paulista e, assim, tornar possível a socialização, a aculturação dos imigrantes e migrantes.[36] E foi nos anos 1920, no apogeu do culto ao moderno em São Paulo, que apareceram juntos bandeirantes, caipiras e caboclos descendentes de índios e "novos mamelucos" — os estrangeiros paulistanizados, como na expressão do escritor Alcântara Machado —, todos reunidos no *melting pot* paulista.

Os "italianos"

Os italianos que chegaram a São Paulo haviam sido "expulsos" em decorrência do processo político de unificação da Itália e das condições econômicas adversas que levaram seus filhos a abandonar a terra natal, ainda que mantivessem o sonho de criar uma Itália pelo mundo afora. A Itália ofereceu a outros países seus trabalhadores, única mercadoria que tinha em abundância. De 1869 a 1962, partiram da Itália para trabalhar no exterior, primeiro para as Américas e depois para outros países da Europa, cerca de 24 milhões de pessoas. Muitos lucraram com esse negócio, como os armadores das companhias de navegação, os aliciadores e os bancos, entre eles o Banco de Nápoles, que facilitavam e controlavam as remessas de dinheiro dos italianos que iam trabalhar no exterior. Foram esses recursos que financiaram o Tesouro italiano, a realização de obras públicas e a própria expansão industrial no norte da Itália, informa Constantino Ianni (1972).

---

[34] Nicolau Sevcenko (1992) analisa o papel dos esportes na redefinição do corpo e das mentes no final da década de 1910 e início da de 20, como ingrediente fundamental da cultura popular urbana.
[35] De Luca, 1999.
[36] Oliveira, 2000.

Esses trabalhadores emigraram antes mesmo de se tornar italianos. Para muitos deles só existiam suas aldeias ou, no máximo, suas províncias. Só conheciam uma capital quando iam tomar o navio para emigrar em Nápoles ou Gênova.

Para os sulistas, a unificação foi uma imposição do Norte, especialmente dos piemonteses, com a ajuda bem intencionada de Garibaldi. Assim, o camponês não entra nessa história. Fugiu em massa para as Américas antes que os piemonteses tivessem tido tempo de italianizá-lo.[37]

Foi no Brasil que eles se tornaram italianos. Enfrentaram dificuldades e preconceitos ao chegar ao novo mundo para *fare l'America* e, como qualquer outro grupo, se fecharam no grupo de origem, o que os levou a reforçar ou mesmo a criar um sentimento de identidade nacional italiana. São Paulo, que recebeu uma massa enorme de imigrantes, era narrada como uma cidade italiana por muitos dos que ali chegavam, e em diversos bairros os italianos se reuniam segundo seu lugar de origem.

A literatura sobre os italianos que chegaram a São Paulo nos informa que eles vinham, em sua maioria, do sul da Itália — Cozensa, Salerno, Potenza —, região onde predominava a agricultura camponesa. Deixavam o lugar de origem não por revolta contra as condições de vida e, sim, porque a "má sorte" os perseguia e eles eram obrigados a tentar a vida em outra terra. Aqui chegando para substituir o negro, foram considerados pela sociedade que os recebeu como "qualitativamente" superiores, por serem brancos, ainda que pertencessem às camadas mais baixas da sociedade, devido a sua condição de trabalhadores braçais. Fazer parte das camadas inferiores da sociedade não surpreendeu o imigrante, já que essa condição, como camponês, era conhecida em seu lugar de origem. Muitos vieram diretamente para trabalhar como assalariados nas fazendas de café; outros, imigrantes independentes, procuraram ocupar atividades — jornaleiro, garrafeiro, comerciante de peixes, verduras e cereais — que pudessem garantir rendimentos econômicos para realizar o sonho de voltar para a comunidade de origem. Eram atividades que podiam ser realizadas por pessoas sem nenhuma qualificação, com pouco capital e mesmo por aqueles que falavam apenas um dialeto.

Em São Paulo, os imigrantes encontraram um campo novo e praticamente sem competição. O rápido desenvolvimento da cidade criava a demanda desses serviços urbanos e de gêneros alimentícios. E eles souberam aproveitar as chances que se apresentaram, fazendo uso da rede de relações que tinham ou que criavam no novo espaço. Daí as relações pessoais, familiares, entre membros originários da mesma aldeia ser fundamental. Muitos se agrupavam, se ajudavam e recriavam mesmo a sociedade de sua aldeia de

---

[37] Ianni, 1972:113.

origem. As colônias deram origem aos bairros italianos de São Paulo, como Brás, Bexiga e Barra Funda. As festas do santo protetor marcam os lugares de origem. No Bexiga, a festa é de Nossa Senhora de Achiropita, venerada em Rossano, Calábria, na província de Cosenza. No Brás, a festa é de São Vito Mártir, venerado por aqueles originários de Polignano a Mare.

Alguns depoimentos nos permitem tomar conhecimento das vivências e da mobilidade desses imigrantes vindos de aldeias da península italiana ao chegarem a São Paulo:

> Ao chegar, P. C. começou a vender jornais; era o serviço mais fácil e ganhava-se bem. Conseguiu formar uma clientela na Liberdade. Com o que ganhou como jornaleiro, começou a comprar peixe — o mercado do peixe era às oito da noite — e, visto que esse comércio dava um lucro maior, passou a vender peixe de manhã e jornais à tarde, para a mesma freguesia. Depois de alguns anos, foi encarregado da distribuição de um vespertino; de manhã continuou com o peixe. Finalmente, em 1927, com os vinte contos que economizara, abriu, de sociedade com um dos irmãos, um negócio de cereais.[38]

Assim, os jornaleiros e os garrafeiros eram, em sua maioria, estrangeiros que puderam entrar em um mercado que surgiu com a venda avulsa dos jornais diários pelas ruas da cidade e com o nascimento de indústrias, como a Cia. Antárctica, criando uma série de novas ocupações, já que não existiam nas aldeias da Itália, nem na cidade de São Paulo.

> V. de L. chegou ao Brasil em 1922 com a mulher; gastaram o pouco que tinham (50 liras) na compra de uma cama e das coisas mais necessárias para a casa. Começou a trabalhar com dez mil-réis emprestados por um amigo e dirigiu-se ao mercado a fim de comprar fruta fresca; depois postou-se em frente à bolsa do café para iniciar a venda. Ganhou sete mil-réis de manhã e seis à tarde, e depois de poucos dias estava em condições de devolver os dez mil-réis que lhe haviam emprestado. Continuou como vendedor ambulante de fruta durante quatro anos até conseguir obter, em 1926, de sociedade com um conterrâneo, uma banca no mercado.[39]

Como peixeiro, como vendedor de frutas e verduras, os italianos se tornaram parte do crescimento do mercado consumidor da cidade. Vale lembrar que as feiras livres foram criadas em 1914, durante a gestão de Washington Luís como prefeito da cidade de São Paulo.

---

[38] Castaldi, 1960:298.
[39] Ibid., p. 310.

Os depoimentos apresentados por Carlo Castaldi em seu texto, que analisa o ajustamento do imigrante à comunidade paulistana, expõem com clareza os mecanismos e alternativas usados pelos imigrantes italianos em sua chegada a São Paulo. A descrição da passagem de vendedor de cereais varejista para atacadista mostra o processo de mobilidade do imigrante.

Em 1927 nosso pai alcançou o ápice da sua carreira de atacadista de cereais e nesse mesmo ano comprou um palacete perto da Avenida Paulista. Na nova casa era proibido falar dialeto: "todos", dizia meu pai, "devem falar a língua de Dante". Até os seus velhos amigos que iam visitá-lo em casa deviam falar italiano; no escritório, ao contrário, o dialeto era ainda permitido. Essa sua mania causou-lhe muitas inimizades e dentro de poucos anos encontrou-se isolado, tanto que, depois do casamento dos seus filhos (em geral com descendentes de italianos do Norte, "gente fina"), voltou a residir no Brás.[40]

A mudança de língua era sentida como necessidade para afirmar a mudança de *status*. O uso do dialeto permaneceu como traço das camadas mais incultas e pobres da população. Aqueles que estavam em processo de ascensão social também desencorajavam o uso do dialeto em família. O casamento entre italianos do norte e do sul também não era incentivado, já que o italiano do norte se considerava superior. Os costumes camponeses ou aldeões eram abandonados, de início, em nome de uma cultura italiana e, não, em favor da cultura local, e isso porque a idéia de voltar um dia à pátria levava os imigrantes a tentar subir na consideração de seus compatriotas. Conhecer o italiano era necessário toda vez que o imigrante precisava entrar em contato com autoridades políticas e consulares italianas. Durante o período fascista na Itália, essa relação foi fortalecida, já que pela primeira vez o governo italiano se interessou por seus filhos que viviam fora da pátria, e muitos da colônia se tornaram ou se diziam fascistas.

Ser trabalhador braçal e desprestigiado no Brasil fez o imigrante desenvolver uma consciência étnica em nome da qual descobriu ser italiano. Assim, é importante destacar que o imigrante aqui se tornou italiano no processo de construção da cidade de São Paulo e de uma classe média.

A identificação com a sociedade maior só se deu de fato para aqueles que ultrapassaram o grupo social mais restrito, e para os que chegaram à universidade. O êxito econômico obtido pelos primeiros imigrantes, na maioria analfabetos, contribuiu para diminuir aos seus olhos e aos olhos dos filhos o valor da instrução em geral. O êxito econômico levou o imigrante a abandonar a aspiração de "fazer de um filho um doutor"

---

[40] Castaldi, 1960:349.

e a desejar, em vez disso, que os filhos continuassem a trabalhar com ele ou, pelo menos, na atividade que o tornara rico. O êxito econômico obtido pelo exercício de ofícios humildes no passado reabilitou os próprios ofícios aos seus olhos. Mesmo assim, é grande o número de filhos de imigrantes italianos que estuda e chega à universidade.[41]

Os ítalo-paulistas

Nos anos 1920, os italianos participavam da história de São Paulo. Haviam sido desejados como brancos, para clarear a população brasileira, como sonhavam os adeptos da "teoria do braqueamento", mas desapontavam por sua rudeza. São vítimas do preconceito contra imigrantes, são os "carcamanos", mas lutam para conquistar o respeito dos paulistas, mostrando tanto suas qualidades humanas e profissionais quanto os bens que conseguem adquirir. Esse "respeito", é preciso lembrar, depende de um trabalho simbólico que se desenvolve no mundo das representações e que tem na literatura um campo privilegiado.

Os imigrantes italianos não formavam um todo homogêneo. Entre eles estavam aqueles socialistas, anarquistas ou sindicalistas que iriam fundar ligas, jornais, movimentos políticos na cidade de São Paulo. Um caso interessante é narrado por Antonio Candido (1980) ao contar a vida de Teresa Rocchi, italiana casada com o maestro Rocchi, músico que veio para o Brasil no fim do século XIX e que participou da fundação do Conservatório Dramático e Musical de São Paulo, em 1906. Essa mulher e seu círculo de amigos e correspondentes: Astrogildo Pereira, Edgard Leuenroth, Antonio Piccarolo,[42] Edmondo Rossoni, entre outros, nos falam do imigrante ilustrado, comprometido com o operariado e com a esquerda, e que participa do mundo cultural da cidade e do movimento cosmopolita. Italianos bem-sucedidos participavam do Instituto Histórico e Geográfico de São Paulo, como Francisco Nardi Filho, eleito em 1924, e Antonio Piccarolo, em 1939.[43]

São Paulo recebia diferentes ativistas, que atuavam nos círculos operários organizando a imprensa, produzindo peças de teatro. Alguns deles, militantes radicais e adeptos da ação direta, voltaram à Itália e aderiram ao movimento fascista. Esses intelectuais e ativistas de esquerda foram encantados pela retórica do populismo fascista que parecia ser um produto legítimo do socialismo radical. Esse processo, nos diz Antonio Candido, foi desmascarado pelo assassinato de Mateotti, que constitui um verdadeiro divisor de águas entre a direita e a esquerda na Itália e também no Brasil.

---

[41] Oliveira, 2001.
[42] Hecker, 1988.
[43] Ferreira, 1998:79.

Para entendermos um pouco melhor o que acontecia na Itália no período de implantação do fascismo é preciso voltar ao final do século XIX. A unificação italiana, acontecida em 1871 com a criação do reino da Itália, tinha colocado em campos opostos de luta os nacionalistas, os católicos e os austríacos, que ocupavam o norte da península. A luta entre católicos e liberais-nacionalistas dividiu a sociedade, que, ao mesmo tempo, enfrentava condições econômicas de penúria, alta concentração da propriedade e reduzida participação eleitoral. O país estava mesmo dividido entre o sul agrícola e o norte industrial. O movimento socialista encontrou terreno fértil para seu crescimento, e a população, composta por uma massa de camponeses e artesãos, teve que escapar de sua sina viajando para as Américas em busca de uma vida melhor. Uma ótima representação da situação vivida pelos camponeses e pela elite agrária italiana pode ser vista no filme *1900*, de Bertolucci.

Com a I Guerra, a Itália esperava conquistar novos territórios fora da península e resolver seus impasses internos, ao se tornar uma grande potência colonial. Ainda que tenha lutado ao lado da Alemanha e do Império austro-húngaro, a Itália tinha acordos com a França e a Inglaterra, visando obter territórios nos Bálcãs e na África. Nada disso, porém, foi conseguido ao final do conflito.

A participação na guerra manteve a divisão dos grupos políticos na Itália. Liberais e nacionalistas defendiam a guerra, enquanto os socialistas eram contra a participação no conflito. Nesse contexto, Benito Mussolini, líder socialista até então, passou a defender a participação italiana no conflito. Marinetti e D'Annunzio estavam entre os intelectuais que apoiaram a guerra e a liderança de Mussolini. Para eles, a guerra propiciaria a ocasião para a redenção da Itália e levaria à superação dos impasses vividos por aquela sociedade.

Ao fim da guerra, em 1918, como a Itália não conseguira o que esperava, cresceu a oposição e os governos liberais foram acusados de ser fracos e incapazes de defender a honra nacional. A agitação e os conflitos de rua aumentaram, contrapondo fascistas e comunistas, estes esperançosos com o exemplo da Revolução Russa de 1917. A demonstração de força dos fascistas teve seu ponto máximo na Marcha sobre Roma, organizada por Mussolini fazendo uso de sua tropa de choque. Seu resultado foi a nomeação, pelo rei Vitório Emanuel III, de Mussolini como primeiro-ministro, em 1922. Nesse contexto, o deputado socialista Giacomo Matteoti denunciou as práticas do Estado policial e foi assassinado em 1924. Em 1926, Mussolini conseguiu finalmente plenos poderes e instituiu a ditadura fascista na Itália.

Durante seu governo, Mussolini, que fora anticlerical no início de sua carreira, assinou o Tratado de Latrão com o Vaticano (1929), permitindo que as relações políticas entre a Igreja Católica e o governo italiano fossem reatadas. A Igreja, que tivera suas terras tomadas na unificação e desde então se recusava a aceitar o governo italiano, se uniu ao poder estatal, já que tinham, por assim dizer, inimigos comuns. O governo fascista, com sua postura de organizar a sociedade, era visto pelos católicos como um mal menor diante da anarquia ateísta das doutrinas comunistas.[44]

As idéias fascistas e a atuação do governo de Mussolini foram acompanhadas de perto por italianos e brasileiros durante os anos 1920 e 30. A crítica ao Estado e à sociedade liberais era recorrente também no pensamento brasileiro e postulava-se também aqui a criação de um Estado orgânico, dotado de um governo forte, interventor, capaz de compreender as necessidades nacionais, tendo Mussolini e o caso italiano como exemplo sedutor. Mussolini teria compreendido que a guerra européia levaria a Itália à salvação, assim como Lênin teria visto que ela levaria a Rússia à guerra civil. Mussolini, um *condottieri* que se esforçava por estabelecer sua autoridade, seria um "homem moderno, espírito vivo e calculado, audacioso e violento (...) que usa, com incomensurável perícia, a *virtù* maquiavélica", escreve Cândido Motta Filho em *Introdução à política moderna*, publicado em 1935.

Uma visão oposta à apresentada por Motta Filho pode ser notada em artigo de Alcântara Machado, que, em tom irônico, comenta os feitos do *duce*:

> Mussolini instituiu na sua terra uma disciplina gongórica. É um regime de mão forte e sobretudo de oratória forte. Vejam os discursos dele. Não é um homem de autoridade, frio, seco, de poucas palavras e poucos gestos, conforme se costuma pintar ou costuma ser o ditador. As ordens do *Duce* são sempre rugidas. E encantado com o rugido o italiano vai obedecendo. (...)
>
> (...) O fascismo (não faz mal repetir) policiou a Itália e obrigou o italiano a servi-la bem, o que é a maneira adequada de elevá-la aos olhos do estrangeiro (...). Pôs (ou fortaleceu) na cabeça dos cidadãos que a Itália é o maior país do mundo. Logo, o italiano é o maior povo do mundo. E sendo assim não pode ser vagabundo nem explorado, nem sujo, nem ignorante, nem fraco e tal. O escabroso capítulo da honestidade, por exemplo, tem merecido de Mussolini uma atenção toda especial. Proibiu (é o termo) a ladroeira pública e particular. E não contente com isso levou o seu escrúpulo ao ponto de não permitir até o uso de tão gostosa expressão popular "*Piove: governo ladro*". Não é invenção não. Assim como L'Or de Cendrars foi boicotado nos Estados Unidos porque a justiça norte-americana não erra (e acabou-se: não erra), na Itália não se pode mais falar em ladrão porque o italiano, governante ou governado, não rouba (e acabou-se: não rouba). Ache isso cômico quem quiser. Eu sinceramente não acho.[45]

---

[44] Silva, 2000.
[45] Alcântara Machado, artigo publicado em 1929, apud Barbosa, 2001:18.

Para além do imigrante ativista de esquerda que participou das lutas operárias, daquele que retornou à pátria seduzido pelo fascismo, ou do italiano pobre que no Brasil enriqueceu, quero resgatar uma outra categoria social: o artesão, o artista.[46]

As lembranças dos velhos, transcritas no livro de Ecléa Bosi (1987), são fantásticas. Dificilmente pode-se ter melhor ou mais acurada descrição da vida dos italianos e dos ítalo-paulistas no país. Os depoimentos dos srs. Amadeu, Arioto e Antônio são capazes de nos transmitir a importância da música, do canto, da ópera na vida daquele grupo. Os italianos, mesmo os mais rudes, conheciam e apreciavam pelo menos as mais famosas óperas de Verdi e de Puccini, entre elas a *Traviata*, a *Cavalaria rusticana* e o *Barbeiro de Sevilha*. Isso nos leva a inferir a importância de Verdi e da ópera na formação da identidade italiana que se construiu no processo de unificação. As festas religiosas também contribuíam para a valorização da música, já que nelas é comum a apresentação de bandas. O cinema também tinha esse mesmo papel, pois acoplava à apresentação do filme — estou falando do cinema mudo — a música tocada ao vivo.

Muitos membros da comunidade italiana foram alfabetizados em italiano — o Colégio Dante Aleghieri está entre os mencionados —, já que as escolas públicas eram em número reduzido. Os depoentes observam que se lia muito Gabrielle D'Annunzio, Giovanni Papini, mesmo os analfabetos conheciam alguma coisa da *Divina comédia*, e Mussolini tinha a simpatia de muitos, pelo menos antes da II Guerra Mundial. Diversas peças de Pirandello eram apresentadas em italiano, e São Paulo recebia a visita de diversas companhias italianas de teatro nos anos 1925-36 até 1938/39.

Nas lembranças dos velhos aparece também o que era a vida nas oficinas de gravura, seus diferentes tipos de atividade, e a importância do Liceu de Artes e Ofícios, local onde se aprendia pintura, gravura, desenho. Fazer um retrato com desenho a bico-de-pena, pintar um pergaminho, desenhar letras para convites eram atividades onde a caligrafia e a pintura eram requisitos fundamentais. A maioria dos ourives na cidade de São Paulo era composta de italianos, segundo esses depoimentos.

Outra área onde os italianos se destacam é a da construção civil. Conhecidos mestres de obra, os chamados "arquitetos" italianos estão presentes nas construções em estilo neoclássico que inundam toda a cidade de São Paulo, inclusive no prédio do Museu Paulista, que ficou pronto em 1890. Os italianos estão integrados ao grupo do mestre do estilo tradicional brasileiro, Ramos de Azevedo, figura importante no mundo das

---

[46] É preciso lembrar que a imagem do italiano como artista já se estabelecera pelo menos desde a chegada dos italianos que participavam da comitiva de d. Teresa Cristina, irmã do rei das Duas Sicílias, que chegou ao Brasil em 1843 para se casar com d. Pedro II. É mencionada também a presença de cantores italianos, que desenvolveram o gosto pela ópera no Rio de Janeiro. Pouco se sabe sobre isso. Conhece-se apenas alguns nomes italianos que se destacaram no século XIX, como pintores, sob os auspícios da Escola Imperial de Belas-Artes.

artes da capital paulista. Os italianos, com suas construções ecléticas, foram também responsáveis pelos primeiros arranha-céus de São Paulo.

Essa presença dos italianos na construção civil da cidade pode ser observada, por exemplo, no livro do deputado José Talarico (1998:18), em seu depoimento ao CPDOC. Conta ele que seu pai, oriundo de uma família tradicional de mestres de obras na Itália, "foi um dos grandes arquitetos de São Paulo. (...) Foi quem introduziu no Brasil o sistema de construção de cimento armado com aço". Entre os prédios construídos por seu pai estão as antigas Casa Michel e Casa Falcão. E continua: "o dr. Júlio Prestes era advogado dessas firmas comerciais e acabou levando-o para o Partido Republicano. Ele também construiu a casa de Carlos de Campos, em São Paulo. (...) Meu pai foi um desbravador da cidade de São Paulo. Há um bairro localizado adiante da Penha e da Vila Matilde, chamado Vila Talarico, que foi construído por ele".

Muitos italianos se apresentam aos paulistas como operários, artesãos, artistas e se fazem presentes quer como alunos quer como professores no importante Liceu de Artes e Ofícios. Esse liceu de São Paulo se tornou, a partir de 1895, sob a influência de Ramos de Azevedo, o principal lugar de formação de muitos artistas. Monteiro Lobato escreveu sobre essa instituição, considerando-a a base de uma renovação estética que se processava silenciosamente na cidade.[47] Observando a importância do artista e do operário na cidade, Lobato comentou a quase inexistência de brasileiros "legítimos" no liceu e chamou atenção para o grande número de italianos entre seus alunos. Embora elogiasse a presença dos italianos, Lobato reagia negativamente ao perceber que o brasileiro estava ausente da transformação que se operava na cidade a partir das "forças máximas de uma civilização: o operário e o artista".[48]

Em sua missão de reunir forças capazes de lutar pela nacionalização do país, Lobato conclamou os principais dirigentes do liceu — Ramos de Azevedo e Ricardo Severo[49] — a realizarem na arquitetura e nas artes industriais uma revolução contra a cópia, contra o pastiche. E, nessa luta, Lobato se alinhava ao neocolonial, já que esse estilo seria uma espécie de adaptação da arquitetura à estética naturalista que defendia.[50] Ao criticar o academicismo, por gerar a imitação, Lobato pregava em seu lugar a arte naturalista, aquela capaz de captar o ambiente sem idealização, como no academicismo, e sem qualquer tipo de deformação, como nas vanguardas.[51]

---

[47] Chiarelli, 1995:160.
[48] Ibid., p. 160.
[49] Ricardo Severo era um arquiteto português que, em São Paulo, se tornou a principal figura do movimento neocolonial (Kessel, 1999).
[50] Chiarelli, 1995:167.
[51] Ibid., p. 31, nota 13.

No campo das artes plásticas, São Paulo contava com o Pensionato Artístico do Estado, instituição que garantia bolsas de estudo no exterior para paulistas, a fim de se aprimorarem na Europa. Anita Malfatti, Vítor Brecheret e José Wash Rodrigues estão entre os artistas que foram pensionistas do estado.

Foi a partir da I Guerra que a Europa passou a ser considerada representante da decadência e do passado, enquanto na América estariam o moderno e o futuro. Passou-se igualmente a colocar na ordem do dia a questão de uma pintura verdadeiramente nacional. Nesse terreno foi que Almeida Júnior se tornou uma matriz do que seria uma pintura nacionalista. Lobato escreveu sobre a obra desse pintor e o comparou a Pedro Américo, segundo ele o representante maior do academicismo, do pastiche sem alma e cor local.

Monteiro Lobato defendeu o naturalismo como padrão estético, o interior, o folclore, as raízes, Almeida Júnior, a ida aos princípios místicos, o Saci no lugar dos duendes, o moderno contra os francesismos e o pastiche, o neocolonial contra as vanguardas. Entretanto, como se sabe, ficaria fora de 1922.[52] Mas os vanguardistas de 1922 retomaram vários caminhos por ele sinalizados (ainda que sem sua presença) tanto no movimento Verde-Amarelo quanto no Manifesto Pau-brasil, em 1924.

Desde os anos 1910, Lobato publicou artigos na *Revista do Brasil* e promoveu um concurso literário voltado para a pesquisa do folclore regional, sugerindo como temas as quadrinhas populares, as lendas sobre o Saci-Pererê e o Caipora.[53] Essa postura nacionalista, que já se fazia presente nos anos 1910 nas páginas da mais importante revista do período, seria, porém, interpretada como uma tendência regionalista nas letras paulistas.

A inserção dos italianos na vida cultural de São Paulo pode ser vista no campo da caricatura, forma artística que expressa de forma ágil e moderna o cotidiano da cidade. Um exemplo importante é o de Voltolino, que em 1921 ilustrou o livro para crianças de Monteiro Lobato, *Narizinho arrebitado*. Lemmo Lemmi (1884-1926), o Voltolino, era italiano, filho do escultor que imigrou para São Paulo no final do século XIX para participar da construção do prédio do Museu do Ipiranga. Caricaturista famoso, defendia, como a maioria dos ítalo-brasileiros, um acentuado nacionalismo e

---

[52] O livro de Chiarelli destrincha o famoso episódio da crítica de Monteiro Lobato à exposição de Anita Malfatti, em 1917. Ele nos mostra como sua avaliação crítica no campo das artes plásticas produziu conseqüências sérias, entre as quais a reunião dos modernistas contra Lobato. Este foi desautorizado como crítico de arte, sendo tratado como pintor amador por Mário de Andrade e Menotti del Picchia. Chiarelli procurou, ao contrário, mostrar como Lobato era crítico engajado em um projeto de arte brasileira no qual o compromisso maior era com uma estética naturalista e com o desejo de captar a cor local. É interessante ressaltar o compromis⟨...⟩ ⟨...⟩e Lobato com a perspectiva neocolonial, através do apoio a Ricardo Severo, principal figura desse movimento em São Paulo. Sobre o neocolonial, ver Carlos Kessel (1999).

[53] Machado, 1970; De Luca, 1999.

resistia a qualquer tentativa de italianização dos brasileiríssimos ítalo-paulistas. Desenvolveu uma crítica com relação à imigração italiana em duplo sentido: condenava a política brasileira de imigração e, ao mesmo tempo, fustigava o colonialismo dos italianos sem escrúpulos, que, para vencer na nova terra, não hesitavam em explorar seus patrícios. Voltolino tomava como ponto de partida de seu trabalho a vida cotidiana em seus aspectos conflituosos, e a relação da sociedade com o poder público.[54] Voltolino teve suas caricaturas publicadas na revista *D. Quixote*, de Bastos Tigre, no Rio de Janeiro.[55] Em 1916, ele já tinha caricaturas publicadas na *Revista do Brasil*. A importância de Voltolino foi também observada por Lobato, que comentou sua produção em *Idéias de Jeca Tatu* (1919). Foi Voltolino quem primeiro fixou a imagem do ítalo-paulista, sendo de uma certa forma precursor de Antônio de Alcântara Machado, ao apresentar uma galeria de retratos e cenas da colônia italiana onde aparecem o comendador barrigudo que manda dinheiro para a mãe-pátria, o soldado infeliz e sem perspectiva, o imigrante pobre. Impiedoso com a pretensa aristocracia da colônia e com a *italianità* que abria espaço para manifestações fascistas, Voltolino representa o filho de italiano que se coloca como brasileiro.

Em contraposição a esse italiano abrasileirado se encontra o brasileiro Alexandre Ribeiro Marcondes Machado, que, de tanto conviver com a colônia, se familiarizou com a vida e a linguagem dos italianos. Jornalista, escrevia crônicas sob o pseudônimo de Juó Bananére. Apresentava-se como "poeta, *barbieri e giurnalista*" e comentava tanto fatos corriqueiros quanto os importantes, que aconteciam em *Zan Baolo*. De pseudônimo, Juó Bananére converteu-se em nome típico de imigrado italiano. Transformou-se no tipo anedótico do italiano em São Paulo, urbano e inteiramente representativo da nova fisionomia da cidade. Pitoresco, simpático, orgulhoso da bela Itália, satisfeito com a segunda pátria, gesticulador e prolixo, prestava-se perfeitamente à caricatura, citava Dante e intervinha na política local. Voltolino desenhou-o bigodudo, pançudo, de cachimbo e bengalão (a caricatura mais célebre). Reunindo suas crônicas no livro *La divina increnca* (1915), Bananére o escreveu em linguagem macarrônica (mistura das duas línguas com finalidade paródica) e foi apreciado tanto por italianos quanto por brasileiros.[56]

Voltolino, Marcondes Machado (Juó Bananére), Oswald de Andrade, Monteiro Lobato, entre outros, faziam parte de uma juventude boêmia, inconformista, que questionava a vida cultural e social da capital paulista. Sua contestação se expressava em jornais, como *O Pirralho*, e no semanário anticlerical *O Parafuso*. Esse grupo se benefi-

---

[54] Carelli, 1988:84-102.
[55] Sobre a revista *D. Quixote*, ver Velloso, 1996:173-203. Outro italiano, Angelo Agostini, já se destacara como caricaturista nas páginas da *Revista Ilustrada*, criada em 1876.
[56] Carelli, 1988:103-122.

ciou com a cisão nas hostes do Partido Republicano Paulista em 1916, e juntou-se à dissidência que iria fundar o Estadinho.[57]

Os italianos estiveram envolvidos no processo de transformação da sociedade paulista. Sua formação e posição nos informam que lutavam para deixar a posição subalterna de artesão, para galgar o *status* de artista, produzindo e vendendo suas obras para uma classe média burguesa em formação. Os vestígios desse processo, com sucessos e fracassos, podem ser apreciados em diversos campos. Roberto Pompeu de Toledo comentou em sua coluna na revista *Veja*, de 29 de janeiro de 2003, a morte do maestro Sylvio Mazzuca, rei dos bailes de formatura. E foi recuperando dados da vida do maestro, informando que seu pai fora pianista na Igreja de Nossa Senhora de Achiropita, e ele começara na orquestra da Sociedade Recreativa Esportiva Gabriele d'Annunzio. Era, por assim dizer, "um burocrata do entretenimento", "se apresentava como um mestre-de-obras da música dançante". Para o colunista, Mazzuca foi um "filho modelar da áspera pátria ítalo-paulistana!". A cada dia vê-se a recuperação de mais e mais casos nos quais o lugar dos ítalos-paulistas é notado.

As comemorações do Centenário da Independência em 1922,[58] quando a elite ilustrada procurou reforçar o modelo épico da historiografia paulista,[59] podem ser vistas como um bom exemplo da construção simbólica em que a elite paulista esteve envolvida. Os festejos incluíram a inauguração do monumento do Ipiranga, em estilo neoclássico, do escultor italiano Ettore Ximenes, vencedor de concurso realizado de 1917 a 1920. Além de discursos, da inauguração do monumento e de uma exposição no Museu Paulista,[60] na capital, as autoridades, com Washington Luís à frente, partiram para uma série de comemorações na cidade de Santos. Ali inauguraram o monumento aos irmãos Andrada, o prédio da Bolsa Oficial do Café, a estátua de Bartolomeu de Gusmão (o padre voador), assim como vários outros marcos na estrada Santos-São Paulo — o "Caminho do Mar"— que relembram os passos da epopéia paulista.

Nesse processo de reconstrução histórica também compareceram outros novos protagonistas da vida paulista. "A colônia portuguesa, por exemplo, organizou-se para expor seu Monumento à Raça, homenageando os aviadores lusitanos [Sacadura Cabral e Gago Coutinho] que haviam atravessado o Atlântico, e os italianos mobilizaram-se para erguer um monumento a Verdi."[61] Observa Antônio Celso Ferreira que, para além das

---

[57] Ferreira, 1998:232-234.

[58] Tomar conhecimento da grandiosidade dos festejos do centenário realizados em São Paulo ajuda a questionar uma interpretação simplista que diz ser o Rio de Janeiro o espaço do passado, com a Exposição do Centenário, e São Paulo o representante do futuro, com a Semana de Arte Moderna.

[59] Ferreira, 1998:216-219.

[60] Sobre esta exposição e a pintura de Benedito Calixto, ver Alves, 2001.

[61] Ferreira, 1998:230.

comemorações fundadas na dimensão temporal da epopéia, surgiram muitas outras — partidas de futebol, competições de aviação e automobilismo, festivais de arte e de cinema —, que expressavam formas modernas de sociabilidade.

Voltando ao ponto que indiquei no início deste capítulo: como explicar que a presença avassaladora do imigrante na vida paulista não se faça presente de forma significativa na produção dos literatos modernistas? Tentando responder a essa indagação, avanço como hipótese que a realidade social do imigrante italiano se faz presente em vários campos da vida cultural paulista, mas principalmente naquelas esferas consideradas menores, entre o artesão e o artista, ligadas ao cotidiano da vida da cidade. E talvez seja por isso que ela não encontre espaço de representação simbólica equivalente no campo da literatura ficcional. Esta, por sua vez, estava à procura das raízes nacionais, ocupada em buscar uma autenticidade nacional localizada no homem do interior, no folclore, nos mitos de origem e, não, naquele elemento estrangeiro e urbano que trabalhava para ficar rico.

Para avançar um pouco mais na compreensão desse universo que envolve a relação do imigrante com a cidade de São Paulo, e do paulista diante desse novo ator social, vou me deter na versão dos intelectuais modernistas sobre o imigrante e, em seguida, destacar o livro de Alcântara Machado, *Brás, Bexiga e Barra Funda*, que aborda o imigrante italiano e o universo cultural paulista.[62]

O modernismo e os imigrantes

Mário Carelli menciona um certo mal-estar de Mário de Andrade com a invasão de São Paulo pelos italianos. Segundo esse autor, os sentimentos de Mário se dividiam, tinha uma ternura particular pela "costureirinha de São Paulo, ítalo-franco-luso-brasílico-saxônica" e, ao mesmo tempo, não pouparia os "comedores de homens". Em *Amar, verbo intransitivo* (1927), Mário apresenta um quadro da presença estrangeira em São Paulo:

Em que companhia horrorosa a gente Sousa Costa foi se meter! Porém no Brasil é assim mesmo e nada se pode milhorar mais! Os empregados brasileiros rareiam, brasileiro só serve pra empregado público. Aqui o copeiro é sebastianista, quando não é sectário de Mussolini. Porém, os italianos preferem guiar automóveis, fazer a barba da gente, ou vender jornais. Si é que não partiram pro interior em busca de fazendas por colonizar. Depois compram um lote nos latifúndios tradicionais, desmembrado em

---

[62] Uma das obras pioneiras a abordar o tema do imigrante é *O estrangeiro* (1926), de Plínio Salgado, que tem como personagem central um imigrante russo. Vale lembrar que *Canaã* (1902), de Graça Aranha, também trata do tema.

Os italianos, os bandeirantes e os modernistas paulistas 59

fazendas e estas em sítios de dez mil pés. Um belo dia surgem com automovelão na porta do palacete luís-dezesseis na avenida Paulista. Quem é, heim? E o ricaço Salim Qualquer-Coisa, que não é nome italiano mas, como verdade, é também duma exatidão serena.(...) Nas mansões tradicionais só as cozinheiras continuam ainda mulatas e cafusas, gordas e pachorrentas negras da minha mocidade![63]

Em *Macunaíma*, livro de Mário de Andrade publicado em 1928, Piaimã, o gigante comedor de gente, é conhecido por Venceslau Pietro Pietra. Esse proprietário do talismã (a muirauitã), que o herói busca, não por acaso tem sobrenome italiano. Ele simboliza o estrangeiro que vem usurpar a pedra da sorte e representa o capitalismo que se instaura no país permitindo o surgimento da figura do novo-rico.[64] O mal-estar de Mário de Andrade diante dos imigrantes como que se acopla à rejeição ao enriquecimento, à sociedade capitalista. E é o gigante Venceslau Pietro Pietra que encarna os capitalistas devoradores. O italiano, quando identificado ao novo-rico, é apresentado assim negativamente. Ele traz uma espécie de veneno no ideal de "fazer a América" que se dissemina pelos paulistas. Voltarei a esse ponto mais adiante.

O quadro de desinteresse ou de mal-estar diante do italiano tem como exceção a obra de Antônio de Alcântara Machado. Mas quem era esse autor? Para Francisco de Assis Barbosa (2001), Alcântara Machado foi a segunda grande descoberta de Oswald de Andrade no modernismo, depois de Mário de Andrade, certamente a figura maior. Seu livro de estréia, *Pathé Baby* (1926), foi inclusive prefaciado por Oswald de Andrade.

Antônio Castilho de Alcântara Machado d'Oliveira (1901-35) pertenceu ao núcleo do grupo modernista, esteve na direção da revista *Terra Roxa e Outras Terras* e da *Revista de Antropofagia*, em sua primeira fase. Por ocasião da chamada segunda dentição da revista, ele não estava mais com o grupo Antropofagia. Este, com Oswald à frente, passou a hostilizar Alcântara Machado, Mário de Andrade e Paulo Prado, que se dedicaram à *Revista Nova*, criada em 1932.

Em entrevista a Peregino Jr., publicada originariamente em *O Jornal*, de 3 de julho de 1927, Alcântara Machado falou do modernismo e de seus impasses. Disse ele:

Antigamente era a frente única. Pancada nos inimigos. Agora é a discórdia. Pancada nos companheiros. A preocupação de saber quem é que está certo. Ou o que é mais gostoso: quem é que está errado. Crítica e mais crítica. E principalmente a preocupação idiota (...) de querer saber quem é de fato brasileiro da gema. A toda hora surge um cavalheiro batendo com a mão no peito: Eu é que sou auriverde de verdade![65]

---

[63] Apud Carelli, 1988:140-141.
[64] Souza, 2001.
[65] Barbosa, 2001:7.

É interessante notar como Antônio de Alcântara Machado, "brasileiro da gema", considera essa questão uma idiotice. Descendente de uma linhagem que reconstruía a saga dos bandeirantes no imaginário paulista e brasileiro, em 1931, Alcântara Machado se insurgiu contra o Manifesto da Legião Revolucionária de São Paulo, redigido por Plínio Salgado, e que expressava as tendências do grupo Anta, os verde-amarelos do jornal *Correio Paulistano*, um dos principais caminhos de representação da brasilidade.

A análise dos primeiros tempos do movimento modernista também está presente em Sérgio Milliet. Em depoimento a Edgard Cavalheiro e que compõe o *Testamento de uma geração* (1944:241), Milliet diz que, depois da vitória, cabia construir, mas não tinham idéia em comum, eram apenas "contra".

> Dois grandes grupos então se formaram: Verde e Amarelo, com Cassiano, Menotti, Plínio e Mota Filho; e Klaxon, com Mário de Andrade, Oswald de Andrade etc. Foi a este que me filiei. Mais tarde, desfeito o grupo de Klaxon, formou-se o da Antropofagia, com Oswald de Andrade, Tarsila do Amaral, Raul Bopp, Antônio de Alcântara Machado. (...) os demais elementos de Klaxon orientaram-se para a reforma política. Não quero fazer história e não direi o que foi essa luta entre o Partido Democrático, dos moços, e o PRP.

O cenário que se desdobrou da Semana de 1922 foi acompanhado pela proliferação de revistas e manifestos. A frente única foi se desfazendo, novos grupos surgiram, várias correntes se formaram. Vamos tentar acompanhá-las.

A primeira cisão importante no grupo que fez a Semana e participou da revista *Klaxon*[66] se deu com o grupo Verde-Amarelo, composto por Menotti del Picchia, Cassiano Ricardo e Plínio Salgado. Os demais foram fundar *Terra Roxa e Outras Terras*.[67] Nas páginas dessa revista, observam-se as divergências que proliferaram no campo dos modernistas e que iam se tornando visíveis nos comentários críticos sobre obras recém-lançadas. Um pomo da discórdia surgido nas páginas de *Terra Roxa*, por exemplo, derivou dos comentários críticos que Mennotti del Picchia fez sobre a obra *Losango caqui*, de Mário de Andrade.

Em seu texto de apresentação, *Terra Roxa* se dizia um jornal à procura de um leitor. "Quem o ler (...) poderá aprender, distrair-se e, como se diz no nosso admirável idioma ítalo-pau-brasil, bancar o intelectual", e complementa: "este jornal, ao nascer, dá prova de uma coragem digna do Anhangüera: destina-se a um público que não existe".[68]

---

[66] Foram publicados nove números, de maio de 1922 a janeiro de 1923.

[67] Foram publicados sete números em 1926.

[68] Teles, 1978:282.

Nas páginas de *Terra Roxa*, pode-se ver os principais temas que foram assumindo lugar central na revista e no modernismo: a questão do brasileirismo, do regionalismo, da imitação, como nos diz Cecília de Lara (1972). Sérgio Milliet, figura central nessa revista, se ocupava em apontar as diferentes versões do brasileirismo. Para Menotti, Cassiano e outros, estava na plumagem das aves, no cheiro das matas, no "novorriquismo" da avenida Paulista. Para Mário, estava na língua que falamos. Para Antônio de Alcântara Machado, estava no encantamento regional dos bairros ítalo-brasileiros. Para ele próprio, estava na mistura disso tudo. Aqui tem-se mais um comentário, uma pista que reforça a versão de que só Alcântara Machado deu destaque, se interessou pelos imigrantes em geral e pelos italianos em particular.

Alcântara Machado, um dos diretores de *Terra Roxa*, fez a revista acompanhar o trajeto de uma carta de Anchieta, que, comprada em Londres, foi doada ao Museu Paulista. Essa iniciativa se situaria dentro da busca do brasileirismo, ou seja, de cuidar "de tudo aquilo que, no passado, nos honra e merece nossa dedicação", ainda segundo Sérgio Milliet. Alcântara Machado é quem assina artigos sobre teatro em *Terra Roxa* e escreve sobre o teatro de Anchieta, tema que seria também objeto de sua monografia, "Anchieta na capitania de São Vicente", que recebeu em 1928 o prêmio Capistrano de Abreu.

Na revista, são também destacados manifestações folclóricas, festas populares, relatos de viagens pelo interior, crônicas do período colonial, todos aspectos culturais que podiam justificar o próprio título do periódico: terra roxa e outras terras. Alcântara Machado, por exemplo, descreveu uma festa de São Gonçalo na Cantareira, região montanhosa próxima à cidade de São Paulo. Ele reproduziu versos e falas dos participantes da festa e salientou a presença de japoneses, mulatos, italianos, portugueses, negros, caboclos e caipiras na festa.[69] Tudo muito distante do que o senso comum pensaria ser uma revista modernista.

É preciso lembrar que, nos tempos de *Terra Roxa*, já tinham sido publicados o Manifesto Pau-Brasil (1924) e o livro *Pau-Brasil* (1925), de Oswald de Andrade, prefaciado por Paulo Prado, considerados marcos da segunda fase do modernismo, na qual não se combatia mais todo o passado, apenas o passado transplantado culturalmente. As idéias nacionalistas foram ganhando espaço no grupo, ao mesmo tempo que iam surgindo divergências internas. Mário representava o lado mais erudito e pesquisador; a ele se contrapôs uma vertente intuitiva que, por sua vez, também se dividia entre o Verde-Amarelo e a Antropofagia.[70]

A literatura sobre a semana e os modernistas é imensa, mas pode-se garimpar em seus textos, manifestos, revistas, algumas pistas que nos indiquem como as obras dos

---

[69] Lara, 1972:175.
[70] Moraes, 1978.

modernistas lidavam com a questão dos imigrantes. Nas páginas de *Terra Roxa*, por exemplo, apareceu como problema a importação da arte francesa e italiana "por iniciativa dos próprios estrangeiros que viviam no Brasil".[71] Mário de Andrade, ao escrever sobre arte, observa: "Tudo incultura, tudo superstição. Tudo estupidez de guarani apolainado, agravado pela boçalidade de estrangeiros mal transplantados, que gemendo de gratidão idiota e saudade idólatra pela pátria em que não conseguiram ganhar o pão, vêm envenenar a água da gente com uns Denzas, uns René Batons, uns edicéteras de porcaria, inomináveis".[72]

A relação entre o mundo das artes e o modernismo já mereceu a atenção de Carlos Zilio, em seu livro *A querela do Brasil* (1982). Para esse autor, as artes plásticas foram de fundamental importância no surgimento do espaço moderno brasileiro, como se pode notar desde o detonador do movimento, a exposição em 1917 de Anita Malfatti, e a reação de Monteiro Lobato em sua crítica intitulada "Paranóia ou mistificação". Victor Brecheret, símbolo do grupo, e Tarsila do Amaral, presença forte nos movimentos pau-brasil e antropofágico, são expressões, na escultura e na pintura, de uma iniciação modernista. Anita, Brecheret e Tarsila foram, assim, os expoentes das artes plásticas e se tornaram a ponta-de-lança do movimento modernista.

Essa proeminência ganhou concretude a partir das reuniões do grupo realizadas nos salões das mansões de Paulo Prado, Olívia Penteado e Tarsila do Amaral, nas temporadas na fazenda e em viagens a Paris. "Em 1923, de artistas plásticos brasileiros, estão em Paris Tarsila, Di Cavalcanti, Anita Malfatti, Brecheret e Vicente do Rego Monteiro, além de Oswald de Andrade, Sérgio Milliet, Ronald de Carvalho, Villa-Lobos e Souza Lima."[73] Se até então as informações francesas chegavam através de livros e revistas ou de uma viagem a Paris, em 1924 "é a França que vem ao Brasil com a visita de Blaise Cendrars".[74] As viagens de Cendrars ao Carnaval do Rio e às cidades coloniais de Minas Gerais, ciceroneado pelos paulistas, criaram, segundo Zílio, uma inflexão no movimento modernista que se manifestaria no pau-brasil e na antropofagia.

Para além da inflexão operada no mundo da cultura e marcada por manifestos, revistas, polêmicas, viagens, há que se lembrar do episódio traumático da história política representado pela rebelião de 1924 na cidade de São Paulo.[75]

As transformações operadas no modernismo a partir de 1924 parecem colocar como questão importante o papel dos artistas plásticos no movimento. E como já men-

---

[71] Lara, 1972:210.
[72] *Terra Roxa*, n. 1, apud Lara, 1972:177.
[73] Zílio, 1982:66.
[74] Ibid., p. 66.
[75] Nicolau Sevcenko (1992) oferece um rico panorama das transformações e impasses vividos pela metrópole paulista e que culminaram com a rebelião de 1924.

cionei, entre os artistas plásticos, artesãos, mestres-de-obra estavam muitos italianos que iam penetrando na vida de uma classe média que então se formava. Por outro lado, pode-se notar a dificuldade dos modernistas para incorporar aquelas figuras, os imigrantes, que se integravam à sociedade brasileira por um viés mais popular, atrelado a uma sociedade de massas... Os sinais do elitismo das elites, um elitismo das vanguardas, estavam presentes mesmo naquelas que pretendiam modernizar a sociedade e democratizá-la, aparecendo em diversos campos da cultura.

Para alguns modernistas, começou a se delinear a idéia de que as correntes migratórias constituíam uma ameaça no campo das artes e da cultura, já que podiam dissolver os sinais da autêntica cultura nacional. E, em *Terra Roxa*, assim como em *A Revista* — revista modernista de Belo Horizonte, publicada em 1925 —, a presença do imigrante passou a ser vista como uma ameaça a uma cultura nascente.[76]

Rubens Ricupero (1993) escreveu um prefácio para a obra *Brás, Bexiga e Barra Funda* que mereceu uma edição em italiano. Mesclando conhecimento e memória, Ricupero valorizou os contos de Alcântara Machado que retratam, flagram a vida humilde dos italianos de 1900 a 1920. Um ponto desafiador foi levantado por esse autor ao comparar a produção de um descendente de imigrante italiano, Menotti del Picchia, que produziu uma obra absolutamente interessada em descobrir a "verdadeira" brasilidade, e a do descendente da aristocracia, Alcântara Machado, que se mostrava sensível ao cotidiano da vida do imigrante ainda que, segundo Ricupero, com o abuso do lado pitoresco e anedótico.

Seguindo a "pista" fornecida por Rubens Ricupero, Mário Carelli e Luís Toledo Machado, cheguei a outra figura de destaque no modernismo: Paulo Menotti del Picchia (1892-1988). Ele nasceu em São Paulo, formou-se em direito em 1913 e dedicou-se à advocacia e à agricultura em Itabira, além de continuar suas atividades literárias e jornalísticas. Transferiu-se para Santos e, depois, para São Paulo. Foi redator político do *Correio Paulistano*, órgão oficial do PRP, durante os governos de Washington Luís e Carlos de Campos em São Paulo. Foi um dos líderes do Movimento Modernista e participou do grupo Bandeira e dos Verde-Amarelos. Elegeu-se deputado estadual em duas legislaturas e foi diretor do Departamento Estadual de Propaganda em São Paulo e membro da Academia Brasileira de Letras. Conhecido pelo poema *Juca Mulato*, foi figura primeira do movimento e forneceu diferentes suportes ao grupo, entre eles o espaço no jornal oficial do governo. Sob o pseudônimo de Helios, Menotti escreveu crítica literária e esse foi também o nome de sua editora, que publicou em 1927, em São Paulo, os nove artigos de Menotti, Plínio e Cassiano que compõem o livro *O curupira e o carão*. Formaram eles o

---

[76] Lara, 1972:235.

chamado Movimento Anta, que fazia do índio a figura central como integrador do caráter brasileiro.

Menotti publicou em 1917 o poema *Juca Mulato*, livro que canta a beleza de nossa terra e o gênio triste de nossa gente. Apresentou uma exaltação do sertanejo paulista e a ambigüidade entre natureza e cultura, que se expressa na famosa frase mais tarde consagrada por Paulo Prado em *Retrato do Brasil*: "Numa terra radiosa vive um povo triste!" E foi esse povo triste, resultado da "mistura épica de três raças", que passou a receber outros povos e raças.

Menotti, em seu livro de memórias *A longa viagem* (1972), apresenta sua versão da geração primeira dos modernos e da semana. Vejamos como esse ítalo-paulista se posiciona em relação à presença dos imigrantes, observando suas explicações para a recusa em participar da criação de uma Sociedade de Filhos de Italianos. Nos diz ele:

> A imigração, oriunda dos mais variados países, criou, nas sucessivas gerações, paulistas descendentes de várias raças. A imigração italiana foi a mais copiosa e vem sendo das mais ativas. De todas é ela, por afinidade racial, religiosa e política, a mais integrada no Brasil e, através dos seus filhos, a mais ligada à terra (p. 75).

Para Menotti, a criação dessa sociedade:

> seria um óbice ao processo de absoluta integração do nosso plasma étnico num povo que não deve ter nenhum preconceito de cor, credo ou de origem. Caracterizando os brasileiros "filhos de italianos" como elementos à parte, dissociados do plasma nacional, seria, criando amanhã a casta de filhos de sírios, de espanhóis, de judeus, de alemães, de japoneses, desmantelar nossa unidade étnica, a qual, rica de tantos e tão vivos elementos, vai, democraticamente, apresentando ao mundo a mais cristã e bela das comunidades humanas baseadas na generosa raiz étnica nascida do milagre português que fundiu, originalmente, o homem branco com o índio moreno e absorvendo o negro que foi como que o carvão que nutriu o fogo do maravilhoso cadinho étnico (p. 77).

E conclui: "Era meu dever, como brasileiro, combatê-la".

O ano de 1928 pode ser visto como central no cenário modernista, já que no seu decorrer foram publicados *Retrato do Brasil*, de Paulo Prado, *Macunaíma*, de Mário de Andrade, *Martim Cererê*, de Cassiano Ricardo, e *Cobra Norato*, de Raul Bopp.[77] Nesses retratos do Brasil e dos brasileiros, a presença dos imigrantes é apagada, ou pior, quando aparecem são figuras que problematizam o caldeamento, a miscigenação, a nacionalidade.

---

[77] O poema de Raul Bopp só foi publicado em 1931, mas consta ter sido escrito em 1928.

Comecemos pela obra de Paulo Prado, *Retrato do Brasil*, muito citada mas pouco analisada. É bem verdade que o pensamento da elite paulista vem sendo esquadrinhado por importantes trabalhos de pesquisa,[78] que mostram como muitas das idéias de Paulo Prado faziam parte da cultura paulista e brasileira dos primeiros anos do século XX. Nessa linhagem se encontra o livro de Carlos Eduardo Ornelas Berriel (2000), que salienta o importantíssimo papel de Paulo Prado em uma genealogia que começa em Oliveira Martins, passa por Capistrano de Abreu e chega a Sérgio Buarque de Holanda.

Paulo Prado nasceu em 1869, em São Paulo, filho mais velho e herdeiro do conselheiro Antônio da Silva Prado. Formou-se na Faculdade de Direito de São Paulo, ao lado de Afonso Arinos (que veio a ser seu cunhado). Esse parentesco estendeu-se a Graça Aranha, que, embora casado, viveu com uma outra irmã de Paulo Prado. Em 1889, foi viver em Paris com seu tio Eduardo Prado, cujo apartamento serve de cenário a *A cidade e as serras* e como cenáculo para escritores brasileiros e portugueses que lá marcavam presença.

Desse grupo fazia parte Eça de Queirós, Oliveira Martins, Ramalho Ortigão, o barão do Rio Branco, Magalhães de Azevedo, Graça Aranha, José Veríssimo, Domício da Gama e, esporadicamente, Joaquim Nabuco e Olavo Bilac. Os principais temas de discussão do grupo eram a atualidade política, o sentido da história nacional, as virtualidades do futuro do país e a desejada volta da monarquia. Formavam a geração de 1870, geração que tudo conhecia sobre a França, mas que ignorava a realidade em sua dimensão prática e razoável. Por outro lado, exercia uma crítica radical à "retórica balofa, aos áulicos e nefelibatas", que infestavam a vida portuguesa.

Para conhecer o pensamento dessa geração sobre o Brasil, Berriel cita e analisa a "Carta de Fradique Mendes" — personagem considerado uma extensão de Eça de Queirós — a Eduardo Prado, datada de 1888. O personagem, que teria voltado de uma viagem ao Brasil, escreve que viu no país apenas pedaços da Europa e que nada de original teria sobrado, só encontrara doutores. E esses não prestavam atenção à realidade. Para Fradique/Eça, o Brasil tudo recebia da velha Europa, decadente, esgotada, principalmente na península Ibérica.

Dois tópicos centrais na futura obra de Paulo Prado — a ação dos jesuítas no Brasil e a insubmissão dos paulistas — estavam presentes no pensamento de Eduardo Prado e foram antecedidos por Oliveira Martins no seu estudo *O Brasil e as colônias portuguesas* (1881). Para Oliveira Martins, o progresso do Brasil se deu nos séculos XVI e XVII, apesar das dificuldades criadas pelas missões jesuíticas, que aldeavam os índios. Para esse autor, em fins do século XVI, "a região de S. Paulo apresentava os rudimentos de uma nação; ao passo que a Bahia e as dependências do Norte eram uma fazenda de Portugal na América".[79] As bandeiras de caça aos índios, depois de caça ao ouro e pe-

---

[78] Toledo, 2000; De Luca, 1999; Ferreira, 2002.
[79] Berriel, 2000:60.

dras, moldaram o temperamento agreste dessas populações de vida errante. O Sul crescia devagar e em passo seguro, ao passo que o Nordeste tinha administração corrupta e era dependente da introdução dos negros. Vivia na opulência e com população menos homogênea. Segundo Berriel, "Oliveira Martins, dessa forma, lançou as bases para uma diferenciação conceitual da população brasileira entre o Norte e o Sul, com notável vantagem para estes, os paulistas".[80] O filho do português juntou-se ao índio, fazendo o mameluco, que descobriu o Brasil graças à domesticação do índio feita pelos jesuítas. O exemplo máximo seria São Paulo. Oliveira Martins também reconhece o papel de São Paulo, já que de lá saíra a raça que fez o Brasil e "se tivéssemos tido outra São Paulo na África lá criaríamos outro Brasil".[81]

Paulo Prado, após participar dos negócios da família, retomou, em 1917, atividades mais intelectuais, passando a escrever para o jornal *O Estado de S. Paulo*. Tornou-se correspondente de Capistrano de Abreu em 1918, que orientou suas pesquisas. Retomou ainda o projeto inacabado de Eduardo Prado de publicação de uma série de documentos inéditos sobre a presença da Inquisição no Brasil. A coleção, que seria dirigida por Capistrano, teve início em 1922 e durou até 1929, logo após a morte do historiador, em 1927. Anota Berriel que as denunciações do Santo Ofício oferecem o retrato de um povo degenerado, dominado por "vícios" e pecados.

Em artigo intitulado "Brecheret", publicado no nº 98 da *Revista do Brasil*, em fevereiro de 1924, Paulo Prado escreveu que para se entender a reação contrária à Semana de 1922 era preciso considerar que o Brasil copiava idéias européias e as copiava quando elas já estavam ultrapassadas. Seu lema não era "acertar o relógio" do Brasil, como em Mário de Andrade e, sim, a emancipação mental, com o abandono do sentimento de inferioridade nacional. No Brasil e em São Paulo padeceríamos de uma deformação de personalidade, o *bovarismo*, mal que assolava o país. Esse "dom que possui o homem de se imaginar diferente do que realmente é"[82] constituía uma patologia que nos fazia imitar o sistema político inglês e arremedar o constitucionalismo americano. A Semana de Arte Moderna era vista como a base cultural de nova fase da vida brasileira — autônoma, moderna, contemporânea —, decorrente da história bandeirante, do café, do paulista.[83]

Berriel retoma as versões de Mário de Andrade e de Oswald de Andrade que reafirmam o papel de Paulo Prado na Semana de Arte Moderna de 1922. Sem Paulo Prado não teria havido a semana, ele tornara possível a semana e trouxera Graça Aranha

---

[80] Berriel, 2000:61.
[81] Ibid., p. 57.
[82] Ibid., p. 99.
[83] Ibid., p. 101.

para participar do evento. Mas ele não teria sido só o mecenas, fora o espírito aristocrático que dera identidade de classe ao modernismo.

Paulo Prado escreveu pouco e seus textos apresentam a mesma substância e a mesma intencionalidade, segundo Berriel. Suas idéias sobre arte e literatura dependem de suas teses históricas. Estas têm precedência lógica, ainda que possam ter publicação posterior.

> Paulo Prado julga ter o Brasil duas distintas configurações raciais: uma, completamente degenerada, formada pelas três raças tristes (negro escravo, índio lascivo e português da decadência após 1580), que é o brasileiro, alvo de todos os ataques, e a outra, mescla do português heróico da Renascença com o índio em perfeita adaptação ao meio, o mameluco — que é o bandeirante —, numa palavra, o paulista.[84]

Para Paulo Prado, Oswald de Andrade, em sua poesia *Pau-brasil*, realiza a emancipação cultural do país pelo reencontro de um momento particular do passado — anterior à decadência. Sua história literária é periodizada em três tempos: o descobrimento, o romantismo e o modernismo. O primeiro, a realidade; o segundo, a fuga; o terceiro, a emancipação, sendo sua maior rejeição dedicada ao romantismo. A doença romântica, pelas mãos dos bacharéis, se espalha por toda a vida nacional e é caracterizada como incapacidade de tratar a realidade, como doença, como desalento, como espírito de cópia, sendo a expressão espiritual do país a ser superada pelo modernismo.[85]

O livro *Paulística* (1925), de Paulo Prado, reúne artigos sobre a história de São Paulo publicados desde 1922 no jornal *O Estado de S. Paulo*. A "tese regente", segundo Berriel, é a importância do "caminho do mar". Aqui há como que a confirmação da presença de Capistrano de Abreu, já que esse autor privilegiava os caminhos como elemento explicativo central da história colonial. A ligação primitiva entre a cidade de São Paulo e o litoral mais isolou do que ligou essa cidade ao restante do país e do mundo. Isolou, em vez de ligar, e com isso "a população do planalto conservou-se afastada dos contágios decadentes da raça descobridora". As outras capitanias tiveram contato com a decomposição portuguesa: desembargadores, ouvidores-gerais, provedores-mores, o Santo Ofício, frades capuchinhos, carmelitas, beneditinos, "toda a ancestralidade do parasitismo do Estado pensinsular".[86] Disso, São Paulo ficou livre, por sua condição excepcional de isolamento. Ou seja, em *Paulística*, somou-se a teoria histórica dos caminhos (*Caminhos antigos e povoamento do Brasil* [1899], de Capistrano de Abreu) com a teoria da decadência da raça portuguesa (*O Brasil e as colônias portuguesas* [1881], de Oliveira Martins).

---

[84] Berriel, 2000:108.
[85] Ibid., p. 201-204.
[86] Ibid., p. 134.

Adaptação, heroísmo, isolamento são as categorias que dão conta do processo vivido por aqueles que, resultado do cruzamento do português com o índio, tiveram que vencer a terra inóspita. Um terceiro elemento entrou na formação do tipo paulista: o judeu. Em Piratininga eles não foram perseguidos pela Inquisição, como pode ser comprovado pela ausência do Santo Ofício em terras paulistas. Com essas origens e seus cruzamentos particulares foi gerado o tipo paulista, a raça paulista — um tipo físico original com uma psicologia própria.

Um ponto sensível dessa versão historiográfica tem a ver com o papel dos jesuítas. A luta dos paulistas contra a Companhia de Jesus é mostrada como a insubmissão dos paulistas contra aqueles que, ainda segundo Oliveira Martins, seriam co-responsáveis pela decadência da península Ibérica.[87] Dessa maneira, justificavam-se os ataques dos bandeirantes às reduções jesuíticas, que passaram a ficar imunes ao germe da decadência. Para Paulo Prado, foi a abertura de novos caminhos que interrompeu o isolamento. A descoberta das minas significou uma abertura que provocou a decadência — a vertigem do ouro, o abandono da atividade agrícola, o predomínio da cobiça, em versão similar a Oliveira Martins, para quem o ouro e a riqueza fácil teriam provocado a decadência da Ibéria. E continua Berriel (2000:146):

> Assim, o bravo povoador do planalto, o terrível destruidor de reduções jesuíticas e caçador de esmeraldas, pelo fim do isolamento transformou-se — triste destino — no Jeca Tatu de Monteiro Lobato, já que "a terra rica e o viver fácil transformavam o aventureiro dos primeiros tempos coloniais no agricultor, pesadão e desconfiado, e no pálido caboclo, vítima, como o antepassado índio, do álcool, da doença e do faquirismo indolente".

A aristocracia rural, "último reduto do tipo ancestral, degenera, se extingue e se transforma no industrialismo cosmopolita, e sem o laço íntimo e profundo que a liga ao solo (...) assiste, inerte e desolada, à formação de uma nova raça, que ainda não tem nome, e que será o habitante do futuro São Paulo".[88] O tipo paulista ainda se manteria vivo na aristocracia rural — a nobreza da terra — e a regeneração de São Paulo se fez presente com a economia do café...

A famosa frase que abre o capítulo "Luxúria", primeiro do livro *Retrato do Brasil* — "Numa terra radiosa vive um povo triste" — tem como efeito marcar a ausência de sintonia entre a natureza brasileira e a estrutura espiritual de seus habitantes.[89] A presen-

---

[87] Berriel, 2000:143.
[88] *Paulística*, 1925:39, apud Berriel, 2000:146.
[89] Berriel, 2000:165.

ça de Paulo Prado na produção modernista é reforçada por Berriel, ao relembrar a primeira frase do primeiro prefácio de *Macunaíma* — *o herói sem nenhum caráter.* "Uma pornografia desorganizada é também uma quotidianidade nacional. Paulo Prado, espírito sutil para quem dedico este livro, vai salientar isto numa obra de que me aproveito antecipadamente".[90]

Um elemento de ambigüidade se faz presente na obra de Paulo Prado. Se, por um lado, ele considera a ação da Companhia de Jesus um dos fatores mais negativos para a Ibéria e uma das causas de sua decadência. E nessa mesma linha, a luta dos bandeirantes contra os jesuítas seria fundamental para mostrar a identidade e a originalidade dos paulistas. Por outro, retira dos jesuítas e/ou da Inquisição um argumento central: a visão do Brasil não como Paraíso, mas como Inferno. Lançando mão dos documentos da *Primeira visitação do Santo Ofício às partes do Brasil*, Paulo Prado mostra todos os pecados que grassam na terra. E conta a história nacional através dos pecados capitais — cobiça, luxúria —, os mesmos que conduzem ao Inferno.[91]

O encanto do primeiro momento com a terra desaparece para ser substituído pela dura realidade do enfrentamento da mata virgem, das picadas de insetos, da ameaça dos índios, dos piratas. A aventura em busca do ouro continua e, mesmo sem sucesso, gera a caça ao índio e uma agricultura de subsistência. A cobiça do ouro, com tudo que ela traz de mau, é reafirmada. Escapam desse móvel os burocratas parasitas e a Companhia de Jesus. A lista de vícios e virtudes do bandeirante está presente na busca do ouro e no abandono da agricultura. O ouro e seu esgotamento produzem malefícios no Brasil e a decadência de Portugal.

Toda a sua análise sobre o negro, Paulo Prado a teria derivado de Joaquim Nabuco, principalmente do capítulo "A influência da escravidão sobre a nacionalidade", da obra *O abolicionismo*. Para eles, o negro escravo foi a base da economia agrícola brasileira e, "em represália aos horrores da escravidão, perturbou e envenenou a formação da nacionalidade, não tanto pela mescla de seu sangue como pelo relaxamento dos costumes e pela dissolução do caráter social, de conseqüências ainda incalculáveis".[92] O argumento de Paulo Prado visava estabelecer uma diferença entre São Paulo e as cidades litorâneas, como Salvador e Rio de Janeiro, onde predominava o negro. Nesse sentido, *Retrato do Brasil* pode também ser visto como uma matriz do pensamento antiiberista, que volta e meia retorna no Brasil.

No Brasil, "a luxúria e o desleixo social aproximaram e reuniram as raças", mas haveria uma miscigenação "certa", a paulista, da qual não participava o negro, e a outra,

---

[90] Berriel, 2000:164.
[91] Ibid., p. 172.
[92] Ibid., p. 196.

a brasileira. Os males do país, segundo o retrato pintado por Paulo Prado, derivavam de sua origem racial: "foi a mescla da escuma turva das civilizações européias, com o índio lascivo acumpliciado pelo deserto, e com o negro envenenado pela escravidão, e ele próprio expressão acabada da corrupção dos costumes".[93]

Este livro sobre Paulo Prado consegue apresentá-lo como figura central de uma ponte entre a geração do fim de século portuguesa e brasileira — basta pensar nos três aparentados: Afonso Arinos, Graça Aranha e Paulo Prado — e os novos autores que construíram o pensamento modernista nos anos 1920. Permite igualmente que se supere a versão que os próprios modernistas construíram sobre o movimento e deixaram para a posteridade.

Outro modernista que participou do movimento Verde-Amarelo foi Cassiano Ricardo. Seu poema *Martim Cererê*,[94] também publicado em 1928, busca as origens populares, a tradição, marca presente no movimento Verde-Amarelo. Nos anos 1920, principalmente depois de 1924, todas as correntes defendiam a tradição, mas a questão a discutir é de que tradição se falava. Para os verde-amarelos, a tradição era um valor que extrapolava o contexto histórico, que transcendia o tempo cronológico, para se fixar em um espaço natural, daí os mitos de origem. Para os verde-amarelos, São Paulo era o *locus* da nacionalidade. Sua configuração geográfica investia a região de um destino especial: ser o guia do Brasil.

Mônica Pimenta Velloso (1993 e 1996), que pesquisou Cassiano Ricardo e os verde-amarelos nas páginas do *Correio Paulistano*, já escreveu nos mostrando como, para esse grupo, era o conhecimento da geografia que permitia um *insight* da brasilidade. Buscava-se um conhecimento que não resultava da observação e da análise, que era, sim, uma comunhão — criar, aprender, intuir. Em vez de pesquisa e reflexão, o contato direto com a mãe natureza. A comunhão do homem e do meio natural.

Essa comunhão era dificultada pelas idéias estrangeiras, o mal da inteligência, o mal urbano. A cidade, por seu traço cosmopolita, recebia essa influência do tempo, do século, e a ela se contrapunha a noção de espaço que encontra seu lugar no mundo rural. Para eles, o brasileiro era caipira, rural e rude.[95] O sertão é que devia comandar...

Qual o papel do imigrante nesse processo de nacionalização defendido pelos verde-amarelos? "Como defender os benefícios da imigração sem entrar em choque com o nacionalismo?"[96] Como exaltar o imigrante e recusar o cosmopolitismo? Na "mistura épica das raças", os paulistas já tinham criado uma versão própria do assunto, com sua

---

[93] Berriel, 2000:214.

[94] Vale lembrar que o título do livro apresenta uma versão modificada do Saci Pererê, figura de destaque no inquérito promovido por Lobato. Sobre o Saci, ver Chiarelli (1995).

[95] Velloso,1993:103.

[96] Ibid., p. 105.

"sub-raça superior" ou "raça de gigantes" e agora seriam capazes de abrasileirar todos os imigrantes. No cadinho de "sub-raças superiores", os imigrantes se integrariam à comunidade nacional e se tornariam capazes de contribuir para o enriquecimento da nação.

> A doutrina dos verde-amarelos confere especial ênfase ao papel dos imigrantes na construção da nacionalidade, sendo eles os responsáveis pelo progresso industrial paulista, o evento modernista e a constituição de uma nova raça. No entanto, toda essa constelação de fatores positivos só se sustenta em função da positividade do meio (...) porque se incorporaram ao espírito paulista.[97]

Cassiano Ricardo (1895-1974), assim como Menotti, foi redator do *Correio Paulistano* e ligado ao Partido Republicano Paulista. Começando sua obra literária com versos parnasianos, Cassiano se destacou pela publicação, em 1928, de *Martim Cererê* — obra que, em 1934, já estava na quarta edição — e de outras 12, publicadas ao longo de sua vida. A título de comparação, vale lembrar que *Macunaíma* e *Cobra Norato* só tiveram suas segundas edições em 1937.[98] Luíza Franco Moreira (2001:30) observa que o sucesso do livro mostra como "deve ter sido útil para transmitir à juventude os valores de uma nacionalidade hierárquica". O livro, composto de 44 poemas, teve sua primeira edição ilustrada com desenhos de Di Cavalcanti.[99] Segundo essa autora, a estrutura do poema se organiza a partir de uma imagem contraditória do Brasil, simultaneamente como criança e adulto. O Brasil é motivo de orgulho; tem ao mesmo tempo as potencialidade do gigante e da criança. Fazendo uso do folclore e da história, apelando para o mito que explica as origens de uma nova raça a partir do índio, do europeu e do negro, Cassiano Ricardo pretendeu falar de uma identidade brasileira que, do ponto de vista histórico, se encontrava no bandeirante e no cafeicultor. Em *Martim Cererê*, o fundamento da nacionalidade está no movimento em direção ao interior. As bandeiras e o movimento do café são pontos centrais, e como São Paulo era o lugar dos bandeirantes (onde nascera a nova raça de gigantes) e o lugar da prosperidade na economia do café, seria também a cidade onde se concretizariam os valores nacionais.

Outros modernistas responderam à tradição de forma distinta, como Mário de Andrade, que pensou em "tradições móveis", aquelas manifestações da cultura popular que seriam capazes de se atualizar. *Macunaíma* e *Martim Cererê* exemplificam essas duas vertentes: a pesquisa das tradições populares brasileiras, a busca de uma identidade na-

---

[97] Velloso,1993:106-107.
[98] Moreira, 2001:27.
[99] Emiliano Di Cavalcanti ilustrou livros de seus companheiros de geração. O pintor realizou o primeiro mural moderno no Brasil decorando o *foyer* do Teatro João Caetano, no Rio de Janeiro, a convite do prefeito Antônio Prado Júnior.

cional que constrói seu personagem quase como um anti-herói, no caso de *Macunaíma*, e a segunda, expressa em *Martim Cererê*, retratando o herói épico que realiza a "epopéia dos trópicos".

Cabe relembrar que o herói épico-bandeirante não era novidade, ao contrário, fazia parte da cultura letrada paulista. Foi construída durante a República Velha, recebendo estímulos consideráveis durante a prefeitura de Washington Luiz. Vários autores se destacaram na retomada da questão do bandeirante, entre eles Afonso D'Escragnolle Taunay e Alfredo Ellis Junior. Eram membros do Instituto Histórico e Geográfico Brasileiro e/ou de São Paulo e pertenciam à elite política paulista, cuja ascendência estaria nos heróis bandeirantes, mamelucos que expandiram as fronteiras e descobriram o ouro.

Esse debate sobre a formação étnica dos bandeirantes e/ou sobre a atualidade do *ethos* bandeirante está presente em muitos autores e já havia sido atualizado nos artigos publicados na *Revista do Brasil*. Nas páginas dessa revista, como já mencionei, era fartamente apregoada a superioridade paulista, que não pregava mais a separação, como no fim do século XIX. Agora pregava-se a transformação do Brasil em São Paulo; pregava-se tomar posse dos territórios que os bandeirantes tinham conquistado no passado pelo esforço do trabalho coletivo. No contexto do final dos anos 1910 e início dos 20, marcado pela campanha nacionalista de Olavo Bilac e pelas Ligas de Defesa Nacional e Nacionalista, apareceu na revista um duplo estatuto para o Brasil: país jovem, aberto ao novo, mas, ao mesmo tempo, imaturo e despreparado. E com essa ambivalência é que seria encarada a chegada dos imigrantes europeus. Como brancos, representavam a esperança de purificação da raça, mas também constituíam um perigo devido à imaturidade do povo — triste, idealista, passivo, jeca-tatu.[100]

A introdução de grandes levas de imigrantes — engenhosa solução arquitetada por São Paulo que confirmava sua dianteira no enfrentamento das questões nacionais[101] — permitiu a redenção econômica e étnica do país, já que através dela o país estaria recebendo uma "transfusão de sangue rico e puro". As contribuições das civilizações superiores, trazidas pelos imigrantes, seriam incorporadas sem que a nação alterasse sua identidade. Isso seria possível graças aos atributos originais superiores presentes no caráter paulista. E seu progresso, resultante de tudo isso, deveria ser estendido ao restante do país, realizando uma espécie de "benéfico imperialismo". Essa corrente está presente nos verde-amarelos e na obra de Cassiano Ricardo.

Os diferentes retratos do Brasil, mesmo aqueles que pretendem uma renovação do pensamento brasileiro, estão marcados por esse dilema. A representação do homem brasileiro — sertanejo, caipira e depois jeca-tatu — como alguém sem qualidades se contra-

---

[100] De Luca, 1999.
[101] Ibid., p. 193.

pôe à exaltação dos atributos da natureza. Daí se desdobra a necessidade de criar uma narrativa sobre tipos nacionais capaz de tirar do país a marca da incapacidade. Tudo isso talvez nos ajude a entender a diferença entre *Macunaíma* e *Martim Cererê*, duas obras com distintas recepções, para além da diferença dos projetos literários — o primeiro compromissado com a vanguarda, o segundo, com o ensino nas escolas. Os poemas *Martim Cererê* e *Cobra Norato*[102] foram concebidos como livros para crianças e parece que conseguiram penetração no universo infantil e adolescente, na medida em que o poema figura em antologias escolares. O "caldo cultural" do herói-bandeirante foi bebido por Cassiano Ricardo e deu substrato a sua obra *Martim Cererê*. Ao longo dos poemas, o autor constrói o contraste entre o homem e o menino, o contraponto entre presente e passado, entre cidade e campo, entre maturidade e infância. Luiza Franco Moreira menciona um dos poemas do livro — "O Manduca e a Giuseppina".

Havia, assim, um discurso comum da intelectualidade paulista nos anos 1920 e 30 que considerava São Paulo originário do cadinho de raças que passava a receber novas cores. A imigração representava a retomada de uma vocação da cultura paulista para o caldeamento racial.[103] Sobre esse imaginário comum, presente em expressões do tipo "mistura épica das raças", foram se definindo diversas correntes quanto ao verdadeiro fundamento da brasilidade a ser recuperado ou a ser construído.

Voltando aos textos de Alcântara Machado, pode-se ver como, neles, São Paulo aparece referida simultaneamente como uma civilização "mal-ajambrada" e como a terra dos bandeirantes. A qualificação de bandeirante excede esses personagens históricos e passa a se estender a todos os trabalhadores, brasileiros ou estrangeiros. A imagem do bandeirante envolve vitalidade, energia, movimento, dinamismo, qualidades que estariam presentes nos heróis históricos e nos heróis cotidianos da modernização da cidade, marcada pela produção e pelo trabalho, elementos capazes de vencer a natureza. Uma síntese do imaginário histórico-mitológico diz que os paulistas, no início da colonização, foram capazes de viver afastados da decadente raça colonizadora e formaram uma sub-raça pelo cruzamento com o índio, ajudados pelos jesuítas. Os bandeirantes teriam laços com o solo e representavam a adaptação da civilização branca e ocidental à terra e ao clima. Ao longo do tempo os paulistas foram perdendo a força física e a disposição

---

[102] *Cobra Norato*, poema de Raul Bopp, foi escrito em 1928 e só publicado em 1931. É considerado importante obra do movimento antropofágico. Foi concebido como uma história para crianças e é um estudo folclórico da Região Amazônica, apresentando suas lendas, paisagem e regionalismo de linguagem. Raul Bopp (1898-1984) fez curso de direito em Porto Alegre, Recife, Belém e Rio de Janeiro. Morou em São Paulo nos anos 1920 e participou do movimento modernista, na facção da Antropofagia, ao lado de Oswald. Em 1932 começou carreira diplomática (Coutinho e Sousa, 2001).
[103] Ferreira, 1998:264.

para o trabalho, principalmente devido à escravidão. Assim, viraram paulistas apegados ao passado; consideram-se descendentes dos bandeirantes sem, contudo, manter seus traços originais.[104]

A crítica aos paulistas do século XX aparece em vários momentos da obra de Antônio de Alcântara Machado. Nela, o passadismo é exemplificado na falta de atualização em relação à moda; nos nomes de seus personagens, muitos deles com nomes ilustres e sobrenomes comuns. Em seus contos, os personagens, contrariando os títulos de nobreza, palitam os dentes, limpam as unhas com o canivete e o ouvido com palitos de fósforo.[105] Ali o paulista é retirado do pedestal. A galeria de anti-heróis e as vidas rotineiras mostram gerações que cultuam as tradições sem dar continuidade a seus traços de força e rebeldia. Estão concentradas na burocracia do estado, não se aventuram e, para Alcântara Machado, deveriam revitalizar-se para não ser atropeladas.

Antônio de Alcântara Machado tem sua produção publicada no final da década de 1920. Em 1926, *Pathé Baby*; em 1927, *Brás, Bexiga e Barra Funda*; em 1928, *Laranja da China*. Seu primeiro livro teve prefácio de Oswald de Andrade. O livro é uma crônica de viagem, na qual o autor apresenta cenas da vida cotidiana na Europa, assinalando aspectos quase ridículos que os brasileiros tendem a mitificar. Dos 18 capítulos que compõem a obra, 10 são dedicados à Itália, com caricaturas e imagens estereotipadas.[106]

Em *Brás, Bexiga e Barra Funda* — os contos "Gaetaninho", "Carmela" e "Lizetta" já tinham sido publicados anteriormente em jornal —, Antônio de Alcântara Machado apresenta sua galeria de tipos italianos e ítalo-paulistas e explora a distância entre as aspirações do filho do imigrante e seu destino concreto. Suas crônicas procuram mostrar as diferenças existentes entre o italiano que veio para o Brasil trazendo suas tradições e seus filhos que aqui nasceram e que se identificavam com a nova terra. Seus artigos de jornalismo literário foram publicados em *Cavaquinho e saxofone (solos)*, que reuniu os textos que produziu de 1926 a 1935. A partir de 1929, passou a colaborar no *Diário Nacional*, órgão do Partido Democrático. Em seus textos, os meninos ítalo-paulistas, em sua maioria, se identificam com o Brasil.

Se em alguns contos o sonho do italianinho é frustrado, em "Nacionalidade", conto que encerra o livro *Brás, Bexiga e Barra Funda*, é ilustrativa a trajetória do carcamano: "Adaptou-se. Trabalhou. Integrou-se. Prosperou".

Alcântara Machado é identificado por Luís Toledo Machado (1970) como um aristocrata, por possuir o refinamento e a sensibilidade da melhor elite de seu tempo. Seu

---

[104] Marques, 1995.

[105] Ibid., p. 82.

[106] Sobre a aproximação da literatura com o cinema na obra de Alcântara Machado, ver Pinto, 2001.

laço com a tradição é relacionado ao Prêmio Capistrano de Abreu que recebeu em 1928 pelo ensaio "Anchieta na capitania de São Vicente". Para além da tradição familiar e da herança, a elite paulista soube compreender o momento em que viveu. Foi o cronista por excelência da vida urbana paulista. Percebeu e se interessou pelo folclore urbano, pela poesia popular, pelo cancioneiro que nascia nos fatos do dia como uma notícia de jornal, aliás, fonte dos temas das crônicas que publicou. Alcântara Machado notou que os únicos e verdadeiros cronistas da cidade tinham nomes italianos, ou seja, quase todos eram ítalo-brasileiros ou, como ele os chamava, eram os "novos mamalucos".

Os contos de *Brás, Bexiga e Barra Funda* são dedicados "À memória de Lemmo Lemmi (Voltolino) e ao triunfo de novos mamalucos". Entre estes são mencionados: Vicente Ráo, Paulo Menotti del Picchia, Victor Brecheret, Anita Malfatti, conde Francisco Matarazzo Júnior, Francisco Pati, Francisco Mignone, Sud Menucci, para citar os que ficaram conhecidos.

No prefácio de *Brás, Bexiga e Barra Funda*, nomeado de "Artigo de fundo", já que dizia ser aquela publicação um jornal, o autor informa que o jornal era um órgão dos ítalo-brasileiros de São Paulo! Para ele, o jornal é o meio que consegue incorporar a fugacidade da vida. Daí a importância dos anúncios e cartazes de rua, lidos ao acaso, e que se fazem presentes em seus contos. Nesse sentido, Antônio de Alcântara Machado combina jornalismo e literatura, já que em ambos se encontram técnicas de vanguarda e a busca por um público mais amplo. Defende a valorização do momento atual, da vida, do popular em detrimento da erudição, dos cânones preestabelecidos. Sobre o caráter documental da literatura, nos diz:

> Há pouco ouvi isto de Oswald de Andrade: no Brasil o documento coincide com a poesia. É uma verdade. (...) Pois muitíssimo bem: exploremos esta documentação poética. Fixemos esta corrida danada que é a vida brasileira de hoje. Ela é toda poesia. Ela é a mais literária possível. Mesmo porque fica além de toda a realidade previsível. Invenção contínua multiplica-se em mil e um aspectos trágicos, curiosos, belos, ridículos, impressionantes, o diabo.[107]

Por outro lado, Antônio de Alcântara Machado (1997:19) expressa a tradição da cultura regional paulista e a de seu grupo modernista ao apresentar a síntese da história do país:

> Durante muito tempo a nacionalidade viveu da mescla de três raças que os poetas xingaram de tristes: as três raças tristes.

---

[107] Barbosa, 2001:10.

A primeira as caravelas descobridoras encontraram aqui comendo gente e desdenhosa de mostrar suas vergonhas. A segunda veio nas caravelas. Logo os machos sacudidos desta se enamoraram das moças bem gentis daquela que tinham cabelos mui pretos, compridos pelas espáduas.

E nasceram os primeiros mamalucos.

A terceira veio nos porões dos navios negreiros trabalhar o solo e servir a gente. Trazendo outras moças gentis, mucamas, mucambas, mumbandas, macumas.

E nasceram os segundos mamalucos.

E os mamalucos das duas fornadas deram o empurrão inicial no Brasil. O colosso começou a rolar.

Então os transatlânticos trouxeram da Europa outras raças aventureiras. Entre elas uma alegre que pisou na terra paulista cantando e na terra brotou e se alastrou como aquela planta também imigrante que há duzentos anos veio fundar a riqueza brasileira. Do consórcio da gente imigrante com o ambiente, do consórcio da gente imigrante com a indígena nasceram os novos mamalucos.

Nasceram os intalianinhos.

O Gaetaninho.

A Carmela.

Brasileiros e paulistas. Até bandeirantes.

E o colosso continuou rolando.

O ponto de partida da história do Brasil parece similar àquele proposto em 1845 por Karl von Martius para a escrita da história, no qual se deveria explorar as características de cada uma das raças que compunham o país. Mas, imediatamente, nosso autor faz a identificação das raças com a tristeza, comungando com a perspectiva de Paulo Prado em seu *Retrato do Brasil*,[108] onde o Brasil aparece colonizado por um povo degradado, dominado pela ambição do ouro e pela sensualidade livre. Para o país se desenvolver seria necessário romper com o legado europeu, marcado pela decadência moral. E só uma guerra ou uma revolução seriam capazes de injetar vitalidade no organismo nacional.[109]

Mas, em Antônio de Alcântara Machado, a miscigenação com a "raça alegre" seria capaz de injetar força e energia no paulista e, conseqüentemente, no brasileiro. A seqüência de contos em *Brás, Bexiga e Barra Funda* mostra personagens em crescente sucesso econômico e social, que coincide com o desligamento das tradições italianas. De Gaetaninho, atropelado pelo bonde antes de realizar seu sonho de andar de carro, a Bruno Zampinetti, que, formado pela Faculdade de Direito do largo de São Francisco,

---

[108] Sobre Paulo Prado e seu livro *Retrato do Brasil*, ver também Nogueira (1999); e Dutra (2000).
[109] Santos, 2001.

faz a naturalização do pai. Ali se encontram o menino Gaetaninho, a costureirinha Carmela, o lírico Lamartine, o carcamano Natale Pienoto, todos formando uma imagem seletiva da cidade. Como observa Emery Marques (1995), nessa obra, porém, não há militantes políticos, anarquistas, fascistas ou socialistas.

Antônio de Alcântara Machado sabe da força e da importância do intelectual, advindas sobretudo do poder da linguagem de nominar e conceituar a experiência. Sua missão histórica estaria relacionada à formação de uma opinião pública, resultante da abertura do debate dos temas políticos e sociais a um público mais amplo. Discutir os problemas de seu tempo em artigos de jornal e em revistas era, assim, a principal tarefa do intelectual. Por isso Alcântara Machado aceita e defende o rádio e o cinema como veículos eficientes de educação, de formação da opinião pública. Seu interesse em incorporar a fala e o imaginário popular é assim justificado, por exemplo, no artigo "Rapsodos do Tietê":

A poesia urbana nascida de fato do dia como uma notícia de jornal. O comentário rimado do povo. A canção da rua. Poema do cortiço. O lirismo dos salões de engraxate. Versalhada pitoresca e espontânea que canta a história da cidade.
Mas que a cidade não conhece (...)
E no entanto são os únicos cronistas que a cidade possui.[110]

É o reconhecimento do papel da linguagem, dos símbolos como elementos centrais na educação, na assimilação, que o faz valorizar a obra de Anchieta. O autor ressalta a habilidade do padre em usar a produção artística e cultural como estratégia de transformação cultural. Apresenta e aclama o padre José de Anchieta como o primeiro dramático, capaz de dar caráter didático e modernidade a suas "comédias de costumes".

Cecília de Lara já percebera os pontos de contato entre a literatura de Alcântara Machado e os meios de comunicação de massa. Para ela, a estrutura formal do texto mimetiza a vida urbana, aproveita técnicas do cinema, da história em quadrinhos, de peças publicitárias. Também Luís Toledo Machado ressalta que Alcântara Machado reproduz o fenômeno urbano usando a técnica documental. Para esse autor, sua novela-reportagem seria tributária do estilo de Blaise Cendrars e de John dos Passos. Sua fonte ou matéria-prima era o noticiário de jornal, o que é reafirmado no próprio prefácio de *Brás, Bexiga e Barra Funda*. Tomar nos jornais o noticiário da cidade, com seus crimes, brigas, eventos diários, cartas de leitores, é assumir uma perspectiva preponderantemente moderna, no sentido de captar a voz daquelas camadas da população que compõem o povo.

---

[110] Marques, 1995:113.

O autor reproduz anúncios, letreiros, comunicados de jornal em seus artigos e contos. Apresenta locações perfeitamente reconhecíveis na vida da cidade da época. Seu ritmo narrativo é acelerado e progressivo, o que permite a associação com o cinema.[111] Seus personagens são Peppino — diminutivo de Peppe ou Beppe (vêneto), formas dialetais de Giuseppe; Gennarinho e Gaetaninho, nomes próprios italianos acrescidos do diminutivo brasileiro *inho*, observa Luís Toledo Machado. E complementa: seu estilo irônico-afetivo oscila entre a piedade e a insensibilidade.

Para os modernistas em geral era preciso construir outro caminho alternativo ao europeu e que se baseasse no povo mestiço e na cultura singular. No caso de Antônio de Alcântara Machado, ele parece confiar na mistura racial do italiano com o paulista.[112] É por isso que, para ele, a "raça aventureira", alegre, foi a que conseguiu brotar e se alastrar na terra, exatamente como aquela planta. Assim como o café só pôde fundar a riqueza brasileira porque se deu bem com o clima e o solo, a raça alegre só brotou e se alastrou porque se adaptou ao meio.

Alcântara Machado retrata, noticia a vida paulistana do imigrante e observa o fenômeno da mobilidade social e espacial. A mobilidade ascendente do imigrante e a descendente das camadas tradicionais da sociedade. A mobilidade ascendente resulta não apenas do trabalho, mas também "traz implícito o problema moral da desonestidade como dado pertinente ao progresso urbano, ou melhor, ao fenômeno geral de implantação do novo sistema de relações econômicas, sociais e éticas".[113] Outros modernistas chamariam isso de "novo-riquismo" e o repudiariam com a mesma ênfase que dedicavam ao veneno de "fazer a América" que se espalhava por toda a sociedade.

Para Alcântara Machado, São Paulo representava a civilização e o progresso deselegante e caipira. Em seu artigo[114] "Estética suburbana", ele nos diz:

> Dona São Paulo de Piratininga é o tipo nova-rica. A lavoura e a indústria em dois tempos a fizeram milionária. Dormiu pobre num dia e acordou cheia de cobres em outro. Desde então deu para se enfeitar.
>
> Tem gasto um dinheiro surdo em berloques e vestidos de seda. Dos mais caros que há na praça. E quanto mais vistosos melhor. Está hoje que nem mulher de turco falido. Toda cheia de coisas de ouro e brilhantes no peito, nas mãos, pelo pescoço, pelas orelhas (...)
>
> Daqui a pouco junta moleques atrás dando vaia (...)
>
> O mau gosto tomou mesmo conta de São Paulo.

---

[111] Machado, 1970:82.
[112] Marques, 1995:65.
[113] Machado, 1970:64.
[114] Apud Marques, 1995:69.

A referência aos negócios suspeitos, àqueles que juntam astúcia, ambição e servilismo, aparece também em seus textos, o que é mencionado por seus críticos como a prova do preconceito do autor em relação aos italianos. A mudança de local de moradia expressa a conquista da nova posição econômica, é sinal externo dessa nova posição. Contudo, o prestígio social e seus sinais só seriam adquiridos na geração seguinte. A entrada na sociedade paulista só se daria com o casamento com a filha da família tradicional decadente, e a resistência a isso está em seu texto (Machado, 1997:20):

Carcamano pé-de-chumbo
Calcanhar de frigideira
Quem te deu confiança
De casar com brasileira?
O pé-de-chumbo poderia responder tirando o cachimbo da boca e cuspindo de lado:
A brasileira, per Bacco!
Mas não disse nada. Adaptou-se. Trabalhou. Integrou-se. Prosperou.

Os novos personagens da vida paulistana apresentam todos os sinais externos do prestígio econômico: o Lancia Lambda vermelho, as luvas e o chapéu de novo-rico, que se opõe ao "fraque" do futuro sogro. Para esses novos personagens o trabalho é o símbolo de valor máximo e substitui o ócio das velhas oligarquias.

Para alguns analistas,[115] seus personagens são predominantemente caricaturais por carecerem de aprofundamento psicológico. Isso porque o autor não se interessa em mostrar perfis psicológicos e seus personagens, pode-se dizer, são tipos sociais. A mentalidade e a postura de cada um dos personagens expressariam os conflitos de uma época. Mas, para que isso fosse possível, era necessário registrar as imagens da vida cotidiana, deixar "os fatos" falarem por si.

Antônio de Alcântara Machado soube perceber seu tempo e as transformações em sua cidade. Escreveu sobre a vida dos ítalo-paulistas como se estivesse escrevendo um roteiro de filme. Captou seu tempo nas páginas dos jornais. Teve empatia com os novos personagens da vida paulista, ainda que isso não signifique negar as dificuldades ou um certo mal-estar diante daquele *parvenu* que passava a fazer parte do mundo paulista. Para ele, essa "raça alegre" traria benefícios ao *melting pot* paulista.

Pode-se dizer que Alcântara Machado não conseguiu escapar dos preconceitos, na medida em que apresenta os italianos como ignorantes das boas maneiras ou tem uma certa dose de boa vontade caridosa com aqueles que são muito bem nascidos. Isso pode

---

[115] Cecília de Lara foi um dos autores que mais analisaram Alcântara Machado, em seu texto *Experimentação modernista em prosa*, tese de livre-docência defendida na USP em 1981, e em seu livro *De Pirandello a Piolin: Alcântara Machado e o teatro no modernismo*, de 1987.

ser correto, mas quero ressaltar que ele não deixou de lado a maciça presença "dos italianos na cidade de São Paulo, ainda que ela viesse perturbar a busca da originalidade nativa definida pelo manifesto Pau-brasil".[116] Seu encantamento pelo italiano talvez tenha algo de "antropofagia", pois acreditava que aquela raça alegre conseguiria revitalizar o caráter paulista e nacional.

Os livros de Alcântara Machado nem sempre receberam avaliação favorável. Recusa-se sua produção classificando-a de datada, ou mesmo de pitoresca e anedótica. Mas foi com ele que os "emergentes" daquele tempo ganharam espaço simbólico e passaram a ser sujeitos do mundo literário, o que não é pouco.

Bibliografia

ALVES, Caleb Faria. O pintor Bendito Calixto e o movimento republicano. In: ENCONTRO ANUAL DA ANPOCS, 25. *Anais...* Caxambu, 2001.

ALVIM, Zuleika Maria Forcione. O Brasil italiano (1880-1920). In: FAUSTO, Boris (Org.). *Fazer a América.* São Paulo: Edusp, 1999.

BARBOSA, Francisco de Assis. *Intelectuais na encruzilhada; correspondência de Alceu Amoroso Lima e Antônio de Alcântara Machado (1927-1933).* Rio de Janeiro: Academia Brasileira de Letras, 2001.

BERRIEL, Carlos Eduardo Orneles. *Tietê, Sena: a obra de Paulo Prado.* Campinas: Papirus, 2000.

BOSI, Alfredo. As letras na Primeira República. In: *O Brasil republicano — sociedade e instituições. História geral da civilização brasileira.* Rio de Janeiro, São Paulo: Difel, 1977.

BOSI, Ecléa. *Memória e sociedade; lembranças de velhos.* 2. ed. São Paulo: T. A. Queiroz, Edusp, 1987.

CANDIDO, Antonio. *Teresina etc.* Rio de Janeiro: Paz e Terra, 1980.

CARELLI, Mário. *Carcamanos e comendadores: os italianos de São Paulo; da realidade à ficção.* São Paulo: Ática, 1988.

CASTALDI, Carlo. O ajustamento do imigrante à comunidade paulistana. In: *Mobilidade e trabalho: um estudo na cidade de São Paulo.* Rio de Janeiro: CBPE/Inep, 1960.

CAVALHEIRO, Edgard. *Testamento de uma geração.* Porto Alegre: Globo, 1944.

CHIARELLI, Tadeu. *Um jeca nos vernissages.* São Paulo: Edusp, 1995.

---

[116] Carelli, 1988:191.

COUTINHO, Afrânio; SOUSA, J. Galante de (Orgs.). *Enciclopédia de literatura brasileira*. 2. ed. Rio de Janeiro: Fundação Biblioteca Nacional, Academia Brasileira de Letras, 2001. 2v.

DE LUCA, Tânia Regina. *A Revista do Brasil: um diagnóstico para a (n)ação*. São Paulo: Unesp, 1999.

———. Imigração e teoria antropológica no Brasil (1910-1920). *Estudios Migratorios Latinoamericanos*, v. 15, n. 46, p. 587-602, 2000.

DUTRA, Eliane de Freitas. O não ser e o ser outro: Paulo Prado e seu retrato do Brasil. *Estudos Históricos*, v. 14, n. 26, p. 233-252, 2000.

FERREIRA, Antonio Celso. *A epopéia paulista: imaginação literária e invenção histórica (1870-1940)*. 1998. Tese (Livre-docência) — Unesp, São Paulo, 1998. [Publicada com o título *A epopéia bandeirante*. São Paulo: Unesp, 2002.]

HECKER, Alexandre. *Um socialismo possível: atuação de Antonio Piccarolo em São Paulo*. São Paulo: T. A. Queiroz, 1988.

IANNI, Constantino. *Homens sem paz: os conflitos e os bastidores da emigração italiana*. Rio de Janeiro: Civilização Brasileira, 1972.

KESSEL, Carlos. Estilo, discurso, poder: arquitetura neocolonial no Brasil. *História Social*, Campinas, Unicamp, n. 6, p. 65-94, 1999.

LARA, Cecília de. *Klaxon, terra roxa e outras terras*. São Paulo: Instituto de Estudos Brasileiros, 1972.

MACHADO, Antonio de Alcântara. *Brás, Bexiga e Barra Funda & Laranja da China*. Rio de Janeiro: O Globo, Klick, 1997.

MACHADO, Luís Toledo. *Antônio de Alcântara Machado e o modernismo*. Rio de Janeiro: José Olympio, 1970.

MARQUES, Emery. *Mapas, cartilhas, referendum: imagens da vida em Antônio de Alcântara Machado*. 1995. Dissertação (Mestrado em História) — Unesp, Assis, 1995.

MORAES, Eduardo Jardim de. *A brasilidade modernista: sua dimensão filosófica*. Rio de Janeiro: Graal, 1978.

MOREIRA, Luiza Franco. *Meninos, poetas & heróis; aspectos de Cassiano Ricardo do modernismo ao Estado Novo*. São Paulo: Edusp, 2001.

NOGUEIRA, Marco Aurélio. Paulo Prado; retrato do Brasil. In: MOTA, Lourenço Dantas (Org.). *Introdução ao Brasil; um banquete nos trópicos*. São Paulo: Senac, 1999.

OLIVEIRA, Lucia Lippi. *Americanos: representações da identidade nacional no Brasil e nos EUA*. Belo Horizonte: UFMG, 2000.

———. *O Brasil dos imigrantes*. Rio de Janeiro: Jorge Zahar, 2001.

PICCHIA, Menotti del. *A longa viagem — 2ª etapa; da revolução modernista à Revolução de 1930*. São Paulo: Martins, Conselho Estadual de Cultura, 1972.

PINTO, Maria Inez Machado Borges. Crônica cinematográfica do cotidiano: Alcântara Machado e os impasses do modernismo. *Varia História*, Belo Horizonte, n. 24, p. 190-209, jan. 2001.

RICARDO, Cassiano. *Viagem no tempo e no espaço: memórias*. Rio de Janeiro: José Olympio, 1970.

RICUPERO, Rubens. Alcântara Machado: testemunha da imigração. *Estudos Avançados*, n. 18, p. 139-162, 1993.

SANTOS, Fabio Muruci dos. No coração do Brasil, o trabalho. Sertão e modernidade em Paulo Prado e Cassiano Ricardo. *Pós-História*, Assis, Unesp, n. 9, p. 199-218, 2001.

SEVCENKO, Nicolau. *Orfeu extático na metrópole; São Paulo, sociedade e cultura nos frementes anos 20*. São Paulo: Companhia das Letras, 1992.

SILVA, Francisco Carlos Teixeira da. O fascismo marcha sobre Roma e toma o poder. *Enciclopédia O Globo 2000*, n. 9, p. 202-203, 2000.

SOUZA, Eneida Maria de. Macunaíma, filho da luz. In: MOTA, Lourenço Dantas; ABDALA JÚNIOR, Benjamin (Orgs.). *Personae*. São Paulo: Senac, 2001. p. 139-163.

TALARICO, José. *José Talarico: depoimento ao CPDOC*. Rio de Janeiro: FGV, 1998. (Conversando sobre Política, 1.)

TELES, Gilberto Mendonça. *Vanguarda européia e modernismo brasileiro*. 5. ed. Petrópolis: Vozes, 1978.

TOLEDO, Maria Helena. Um mitógrafo no Império: a construção dos mitos da história nacionalista do século XIX. *Estudos Históricos*, v. 14, n. 25, p. 63-80, 2000.

VELLOSO, Mônica Pimenta. A brasilidade verde-amarela: nacionalismo e regionalismo paulista. *Estudos Históricos*, v. 6, n. 11, p. 89-112, 1993.

———. *Modernismo no Rio de Janeiro*. Rio de Janeiro: FGV, 1996.

ZÍLIO, Carlos. *A querela do Brasil*. Rio de Janeiro: Funarte, 1982.

3

Do caipira picando fumo a Chitãozinho e Xororó*

Decerto aquele *Caipira picando fumo*, pintado por Almeida Júnior, em 1893, o legítimo jeca-tatu ridicularizado por Monteiro Lobato nos seus artigos "Velha Praga" e "Urupês", em 1914, e cantado por Mário de Andrade nos versos de "Viola quebrada", em 1929, desapareceu. O progresso chega, engolindo o sertão. No século XX, o homem do campo transmutou-se, camaleônico, envolvido pela cultura do forasteiro, seduzido pelas novidades da civilização, querendo o conforto de alpargatas no lugar dos pés descalços, da roçadeira substituindo a foice.[117]

O *Caipira picando fumo*, uma das mais conhecidas telas de Almeida Júnior, é considerada por Jorge Coli exemplar do procedimento do pintor. A faca que o caipira usa constitui o centro do quadro e, segundo o autor, remete a uma violência latente.[118] Não existe, em seus quadros, qualquer afetação sentimental ou heróica. Sua simplicidade foge da eloqüência, como do pitoresco e do narrativo. Essa sua aparente simplicidade, já que não carrega o seu caipira de sentimentos, passa uma imagem forte, ainda que isolada socialmente. Exatamente o isolamento social vivenciado por esse homem na sociedade brasileira. Diz Jorge Coli (2002:31):

> Sem nenhuma concessão a um pitoresco feito de detalhes supérfluos, o picador de
> fumo, na sua postura concentrada, expondo de modo crucial sua faca, interpondo-a

---

* Outra versão deste texto foi publicada na *Revista USP*, n. 59, p. 232-257, set./nov. 2003.
[117] Nepomuceno. 1999:27.
[118] Isso também foi notado pelos artistas que, a convite da Pinacoteca do Estado de São Paulo, criaram obras para compor a exposição "Almeida Júnior Revisitado".

de fato entre si mesmo e o espectador, protege-se, protege sua autonomia individualizada, protege, pela violência possível, o lugar frágil que ocupa no mundo.[119]

Essa é uma análise atual de Almeida Júnior e de seu *Caipira picando fumo*, mas não foi sempre assim. A simplicidade de sua pintura já fora elogiada por Lobato, principalmente por seu naturalismo, mas a quase pobreza da casa e das vestes do caipira o tornava representante de um mundo do passado, pobre, simples, singelo, a ser ultrapassado pela urbanização, pela industrialização em curso no estado de São Paulo.

O homem rural paulista

Vamos acompanhar as diferentes representações do homem rural paulista, apontar como ele foi tratado pela historiografia e pela literatura e mostrar como essa visão se refletiu nas ciências sociais produzidas a partir dos anos 1950.

A historiografia paulista, desde o fim do século XIX, buscou resgatar a contribuição dos costumes indígenas na cultura regional e as marcas características da personalidade do homem rústico paulista — o caboclo ou caipira. Fruto da miscigenação entre o branco e o índio, o caboclo é apresentado como o correspondente humilde do bandeirante. Versão equivalente ao sertanejo nordestino, o homem rústico paulista passou a ser tratado como reserva da nacionalidade ou como alicerce para a formação de uma raça forte.[120]

Esse constructo se fez presente na literatura e também nas artes plásticas. Entre os sócios do Instituto Histórico e Geográfico de São Paulo estava Almeida Júnior, artista que, como já vimos, fixou o modelo visual do caipira paulista. Essa representação tem como pano de fundo o choque entre a cidade e o campo. E nela se fala do mundo estável das fazendas e das pequenas cidades do sertão em oposição ao tumulto e à desagregação da emergente metrópole paulista.

No final dos anos 1910 e início dos 20, apareceu nas páginas da *Revista do Brasil* um duplo estatuto para o Brasil: país jovem, aberto ao novo, mas, ao mesmo tempo, imaturo e despreparado. E, vale lembrar, com essa ambivalência é que foi encarada a chegada dos imigrantes europeus. Como brancos, representavam a esperança de purificação da raça, mas constituíam um perigo ante a imaturidade do povo — triste, idealista, passivo, jeca-tatu.[121] Essa dicotomia entre juventude e imaturidade marca os diferentes retratos do Brasil, mesmo aqueles que pretendem uma renovação do pensamento brasi-

---

[119] Coli associa a estrutura visual do caipira ao mundo social analisado por Maria Silvia de Carvalho Franco em seu *Homens livres na sociedade escravocrata*.

[120] Ferreira, 1999:103.

[121] De Luca, 1999.

leiro. A representação sobre o homem brasileiro (sertanejo, caipira e depois jeca-tatu), como sem qualidades, se contrapõe à exaltação dos atributos da natureza. Daí se desdobra a necessidade de criar uma narrativa sobre os tipos nacionais capaz de tirar do país a marca da incapacidade.

O homem do interior, o trabalhador das áreas rurais, já recebera menção nas obras dos viajantes, dos cronistas que durante o século XIX visitaram o país. De modo geral, foram ressaltados o isolamento, a ignorância e a ociosidade em que viviam. Ou seja, as distâncias geográficas e socioculturais entre esses homens e os das cidades do litoral. Havia como que uma oscilação entre uma valorização positiva, que destacava a força, a autenticidade e a comunhão com a natureza. Do lado oposto, como traço negativo, aparecia a preguiça.[122]

Com esse *background* é que seria ouvida a fala de Monteiro Lobato denunciando a atividade predatória do caboclo, seu caráter nômade e sua imprevidência.[123] Lobato, então fazendeiro que herdara grande extensão de terra decadente, apesar de seus esforços, não consegue soerguê-la. A fazenda vai mal e ele dirige, em 1914, uma carta ao jornal *O Estado de S. Paulo*, condenando, entre outros males, o hábito antigo do caipira de fazer queimadas. Trata-se do texto que ficou conhecido como "Velha praga". A este segue-se outro, "Urupês", também título de livro de contos publicado em 1918 com enorme sucesso.

Para Lobato, o caboclo — chamado de Jeca Tatu — podia ser bonito no romance, mas era feio na realidade. A natureza e suas facilidades tornavam-se um obstáculo à regeneração do caboclo, já que não tinha que enfrentar a hostilidade do ambiente. O Jeca, como um anti-herói, é chamado de "piolho da terra" e "orelha de pau" e sua caracterização se contrapõe aos que idealizavam os índios, os caboclos, os caipiras e falavam do Brasil com patriotismo ufanista. Houve imenso debate em torno do Jeca Tatu, principalmente após uma conferência de Rui Barbosa na qual consagrava Monteiro Lobato mas questionava a representação do Brasil como um país de jecas-tatus.

Após aderir à campanha do saneamento rural, Lobato reescreveu seu julgamento do caipira paulista: o Jeca não era vadio, estava doente. Às doenças apontadas por Belisário Pena em *Saneamento do Brasil* — malária, doença de Chagas e ancilostomose —, Lobato acrescentou a sífilis e o alcoolismo. Em *O problema vital* analisa o comportamento do Jeca à luz da saúde pública e defende a campanha sanitária liderada por Miguel Pereira, Belisário Pena e Artur Neiva. Publica então o *Jeca Tatuzinho*, uma espécie de folhetim, no qual narra a história do Jeca, que, depois de se curar da ancilostomose, se torna um apóstolo da higiene e do progresso.

---

[122] Sobre as diversas representações do caipira na literatura, ver Yasuda, 1992.
[123] Estou usando a versão sobre Lobato de Nísia Trindade Lima (1999) e a biografia do autor, de Marisa Lajolo (2000).

Livre da opilação e, como conseqüência, do estado de permanente desânimo, torna-se produtivo e, em pouco tempo, um próspero fazendeiro, competindo com seu vizinho italiano e, rapidamente ultrapassando-o. Mais do que isso: modernizou sua propriedade, introduziu novas lavouras e tecnologia e aprende a falar inglês.[124]

Assim, o novo Jeca, agora rico, torna-se educador sanitário. Foi esse texto que se tornou peça publicitária do Biotônico Fontoura nos anos 1920.

O caipira tratado por Lobato na figura do Jeca Tatu teve assim duas versões — o de cócoras e o doente.[125] O Jeca de cócoras, com sua preguiça, foi trabalhado e discutido por Mário de Andrade em *Macunaíma*, personagem que também ironiza o discurso sanitarista assumido por Lobato na célebre frase: "Muita saúva, pouca saúde, os males do Brasil são".[126]

Os textos de Lobato, assim como a polêmica em torno do Jeca, passaram a compor uma tradição na forma de tratar o caipira no Brasil. Nela há um tom que ressalta a precariedade, o ridículo daquele matuto, principalmente na figura do caipira que vai para a cidade grande. Se isso já existia na comédia romântica de um Martins Pena, o Jeca de Lobato dá continuidade a essa tradição, que mais tarde seria também retomada no cinema de Mazzaropi.[127]

Enquanto o Jeca, preguiçoso ou doente, aparecia nas páginas do jornal e do livro de Lobato, era apresentada no Teatro Municipal de São Paulo, em 1919, a peça de Afonso Arinos, *O contratador de diamantes*. Baseada em episódio considerado verídico, acontecido no Tijuco, hoje Diamantina, entre 1751 e 1753, trata de forma simplista diferentes tipos sociais, entre eles "tipos populares, marcados pela ação do meio, portadores e geradores de uma cultura folclórica particular".[128] Subjacente a seu enredo, há a busca da genealogia que tornava os paulistas os fundadores da pátria. Confirmava-se uma mitologia da identidade nacional cuja matriz estava na bandeira e no paulista. Em sua apresentação, pela primeira vez, viu-se naquele palco uma dança folclórica brasileira — um congado —, interpretada por "pretos de verdade" e por dançadores e violeiros da roça.

Afonso Arinos, representante do regionalismo, do conto sertanejo, encantou a elite da época. Amigo de Catulo da Paixão Cearense, esse autor fazia apresentações do "cateretê" em seu palacete paulista e é lembrado como importante figura que fazia a mediação entre as culturas erudita e popular, entre os mundos cosmopolita e regional.

---

[124] Lima, 1999:147.
[125] Segundo Marisa Lajolo, há ainda uma terceira versão do Jeca, rebatizado de Zé Brasil nos anos 1940.
[126] Lima, 1999:144.
[127] Lajolo, 2000:26.
[128] Berriel, 2000:73.

A apresentação de *O contratador de diamantes* indica o movimento literário regionalista em curso nos anos 1910 e início dos 20 em São Paulo, e que se dedicava à vida rural e à cultura caipira e era exemplificado nos saraus que apresentavam canções sertanejas, com cantadores e violeiros, nas mansões dos endinheirados. Mais do que valorizar o índio — vestígio do romantismo —, tratava-se então de valorizar o mameluco e seu representante contemporâneo — o caipira. A literatura ficcional da época estava à procura das raízes nacionais, ocupada em buscar uma autenticidade nacional localizada no homem do interior, no folclore, nos mitos de origem.

O regionalismo literário, do qual Afonso Arinos foi um expoente, recebeu também o epíteto de "Velha praga", sendo considerado durante muito tempo pela crítica literária brasileira uma categoria ultrapassada. Retomado em meados do século XIX, o regionalismo fazia viver uma tensão entre o idílico romântico e a representação realista do homem do campo, entre a nostalgia do passado e a denúncia das misérias do presente.

"A história do regionalismo mostra que ele surgiu e se desenvolveu em conflito com a modernização, a industrialização e a urbanização. Ele é, portanto, um fenômeno moderno e, paradoxalmente, urbano", diz Lígia Chiappini (1995). A primeira geração modernista saudou a modernização e, em seu entusiasmo um tanto ingênuo, fez do regionalismo o principal alvo a atacar. "Daí o ataque violento do próprio Mário de Andrade ao regionalismo como 'praga nacional', juízo que ele iria relativizar na maturidade".

Em seu texto, Lígia Chiappini mostra como a literatura tende a recontar o processo de reajuste da economia brasileira aos avanços do capitalismo mundial, ora como avanço, ora como decadência, ora com otimismo, ora com pessimismo. Ou seja, ora do lado da modernização, ora da ruína. O regionalismo foi muitas vezes confundido com a etnologia e com o folclore, e é avaliado negativamente, a não ser quando aparecem grandes nomes e obras que conseguem elevar o regional ao universal — como Guimarães Rosa e seu *Grande sertão: veredas*. Entre os seus defeitos, é apontado o de ser pitoresco, apresentar a cor local, ser descritivista. Para Lígia Chiappini, o regionalismo, além de falar do espaço geográfico do homem rural, envolve tornar verossímil a fala de um outro, de classe e cultura diferentes da do autor, que deve ser capaz de apresentá-las para um público citadino. O importante, diz a autora, é ver como o universal se realiza no particular, compreendendo a função que a regionalidade exerce. Assim, é necessário relativizar os juízos críticos estereotipados sobre o regionalismo, essa literatura que trata do homem rural. Essa pertinente observação de Lígia Chiappini serve não só para a análise literária, mas também para as análises produzidas pelas ciências sociais.

A sociologia do caipira: esquecida ou rejeitada?

Quando a sociologia se debruçou sobre as relações sociais no campo, tinha em mente compará-las com as da cidade, e sua análise apontava seus habitantes com características muito distintas na maneira de viver. Sua forma de produzir, suas relações sociais, suas regras de vida não eram escritas (não eram abstratas ou formais), tudo isso apontava para a especificidade do mundo rural. Os habitantes do campo pareciam viver em um ritmo próximo ao da natureza. A avaliação variava entre exaltar sua sabedoria e expor seu atraso. Foi a partir dos anos 1950, quando o mundo rural passava por profundas mudanças, que a produção sociológica voltada a esse mundo se dedicou a estudar as dimensões de resistência dessa parte da sociedade ao processo de urbanização e industrialização. Supunha-se que os modelos industriais e urbanos iriam vencer de forma definitiva o campo.

> Esse destino parecia traçado porque a cidade tinha tudo para oferecer ao campo e este nada tinha que pudesse servir à cidade. Seus modelos produtivos e socioculturais podiam continuar interessantes para alguns poucos cultores da história e do folclore, mas nem aos próprios agricultores interessavam mais.[129]

Essa tendência seria derivada do processo histórico, e o mundo rural ficava na coluna que significava atraso, tradição, tratado como sobrevivência. Em contraposição a ele estaria o mundo urbano, identificado como progresso, modernidade, futuro.

Esse contexto cultural talvez nos ajude a entender o "esquecimento" do livro *Os parceiros do Rio Bonito*, de Antonio Candido, que analisa a formação histórica da cultura caipira no estado de São Paulo. Esse livro vem sendo recuperado recentemente e é apresentado como uma das mais importantes pesquisas sobre o tema. Publicado em 1964, foi apresentado como tese de doutorado de Antonio Candido em sociologia em 1954.

O mundo caipira ali tratado era identificado com o Brasil arcaico e conservador que vinha sendo estudado principalmente pelos estudiosos do folclore. Tratá-lo como objeto da sociologia acadêmica que se desenvolvia no espaço das ciências sociais na USP constitui um caso raro, acompanhado pelos trabalhos de Emílio Willems, Maria Isaura Pereira de Queiroz e Maria Silvia de Carvalho Franco, entre outros.

A pesquisa de Antonio Candido é uma monografia antropológica de um grupo que habitava a fazenda Bela Aliança em Bofete. A fazenda fora produtora de café e, na época da pesquisa, estava voltada para a produção de gêneros de subsistência, sob o regime de parceria. O trabalho trata do processo de urbanização em curso e das transformações na e da sociedade caipira. O caipira seria uma espécie de ponto médio entre o sitiante autônomo e o trabalhador assalariado. O livro estabelece uma relação entre a produção dos meios de vida e formas de sociabilidade, como, por exemplo, na produção da dieta alimentar e, a partir daí, chega às dimensões da vida social. Assim, o estudo trata

---

[129] Giuliani, 1990.

daquele grupo particular e ao mesmo tempo está interessado em entender a assimilação do caipira pela sociedade abrangente.

Antonio Candido faz uma "reconstrução histórica do caipira desde os primórdios da colonização em São Paulo, colonização singular porque, desde o século XVI, esteve voltada para a penetração do interior".[130] Suas principais fontes são os depoimentos de velhos caipiras, relatos de viajantes dos séculos XVIII e XIX, e textos de folcloristas como Amadeu Amaral e Cornélio Pires.

O autor faz uma descrição detalhada da vida do grupo e de suas transformações recentes. Utiliza o "conceito de culturas rústicas", como aquele tipo social e cultural que exprime o universo das culturas tradicionais do campo no Brasil e que eram resultado do ajustamento do colonizador português em contato com o índio. Essa cultura estaria mais próxima das culturas indígenas, já que tinha se desenvolvido mais isolada. O caipira era, assim, o homem rústico da colonização paulista, aquele que se manteve marginalizado das interpretações mais amplas da formação histórica brasileira e que manteria similaridades com aquele tipo — o sertanejo —, estudado por Euclides da Cunha.

As origens da sociedade caipira advêm daqueles homens que abandonaram as expedições exploradoras e se fixaram no interior. Suas caraterísticas dependem da abundância de terras, da mobilidade constante e do caráter aventureiro do mameluco. São esses os traços que marcam sua particular adaptação ao meio ambiente, já que a ocupação do território é transitória e ele não tem propriedade. Sendo o povoamento disperso, o "bairro" é a unidade mínima de sociabilidade caipira, algo entre o povoamento urbano e o isolamento. A base da economia é o trabalho familiar, complementado pela ajuda dos vizinhos através do "mutirão", sistema de trocas entre os integrantes do bairro, que estabelece os vínculos sociais do grupo. Observa a vivência do tempo do parceiro regulado pelo trabalho na lavoura, no qual importam o dia, a semana e o ano agrícola e, como já mencionei, a dieta, marcada pelo feijão, o arroz e o milho. Sua dieta mostra-se pobre e mal equilibrada, ao contrário do que diziam folcloristas como Cornélio Pires.

O caipira dependia da mobilidade e da terra abundantes para resolver sua adaptação precária ao meio ambiente. A cada dia isso se tornava cada vez mais difícil. O mundo se transformava, se fragmentava e não se mantinha mais a interpenetração entre trabalho, lazer e religiosidade, como era comum na cultura rústica caipira. "A cultura caipira caminha para o fim inevitável, mas revela ao mesmo tempo formas de resistência".[131] Sua repulsa ao trabalho assalariado constitui uma dessas reações, outra é a mobilidade espacial enquanto isso fosse possível. A grande questão era como incluir as populações rústi-

---

[130] Jackson, 2001:129.
[131] Ibid., p. 132.

cas na urbanização acelerada que estava em curso no Brasil e principalmente em São Paulo.

Pode-se dizer, porém, que o texto de Antonio Candido está inserido em uma tradição que começa em Capistrano de Abreu, passa por Paulo Prado e chega a Cassiano Ricardo, para citar os autores mais conhecidos, que valorizaram a especificidade da colonização no planalto paulista, marcada pelo isolamento e voltada para o interior. Essa mesma tradição também está presente em Sérgio Buarque de Holanda.[132]

O caipira de Antonio Candido pode ser considerado um descendente daquele bandeirante tratado por José de Alcântara Machado em seu livro *Vida e morte do bandeirante* (1929). Esse autor analisa os inventários entre 1578 e 1700 do primeiro Cartório de Órfãos da capital e dali infere um "bandeirante pobre a analfabeto, grosseiro de modos e de haveres parcos, vivendo quase na indigência, duro para consigo mesmo e com os semelhantes, austero e primário, em luta permanente contra dificuldades de toda espécie" como diz Sérgio Milliet na introdução do livro.

José de Alcântara Machado, em *Vida e morte do bandeirante*, desmitifica aspectos que tinham sido retomados e difundidos por Oliveira Vianna em *Populações meridionais*: São Paulo como cidade habitada por nobres refinados e cultos. Essa versão não pôde sobreviver à vista dos inventários e testamentos dos paulistas do século XVII, publicados no governo Washington Luís. Esse autor, pai de Antônio de Alcântara Machado,[133] estudou as fortunas, o povoado, o sítio da roça, o vestuário, as doenças e os remédios, a organização da família e a escravaria, a religião e o comportamento diante da morte. Para ele, a mistura do sangue de um povo de marinheiros com o sangue de tribos errantes produziu um homem pobre, analfabeto, de modos grosseiros, mas com toque de austeridade e de heroísmo. A contribuição maior de José de Alcântara Machado foi a de recriar o bandeirante como homem comum.

A figura do homem comum também foi sendo estudada pela historiografia. Sergio Buarque de Holanda dedicou 20 anos de trabalho ao estudo da adaptação do português ao Novo Mundo, em seu livro *Caminhos e fronteiras*, publicado em 1957. Estudou a adequação dos bandeirantes às técnicas indígenas, observando aspectos do cotidiano da fronteira, especialmente os caminhos e a caça. A dieta alimentar também mereceu atenção especial: o milho nativo, o trigo e o arroz introduzidos pelos adventícios. Analisou o uso da farinha de mandioca, o "pão da terra", e como as máquinas e técnicas de moagem usadas no trigo passaram para o milho. O que importa destacar aqui é como seus estudos analisaram a recuperação do legado europeu e o amálgama formado com recursos e técnicas indígenas. Sergio Buarque, segundo Robert Wegner (2000:215), ana-

---

[132] Dias, 1987.

[133] Autor de *Brás, Bexiga e Barra Funda*, tratado no capítulo 2.

lisou o transplante de uma cultura européia, marcando suas circunstâncias especiais e o papel da fronteira nesse processo. Num primeiro momento, diante do ambiente hostil, o colonizador se adapta ao nativo; só em um segundo momento retoma sua tradição, que passa a se amalgamar com a de origem nativa. E em um terceiro momento, há a retomada do legado europeu em novas bases.

Os estudos de Sergio Buarque de Holanda sobre a fronteira permitiram uma saída para os impasses apresentados pelo autor em *Raízes do Brasil*. "Os homens que conquistaram as fronteiras — [expressavam a] mentalidade que conta com certa dose de previdência, virtude eminentemente burguesa e, ao mesmo tempo, com uma noção romântica e feudal de lealdade".[134]

A sociedade rústica foi constituída nos interstícios da sociedade colonial brasileira, centrada no latifúndio exportador, e não resulta da decadência do latifúndio. Essas populações rústicas mereceram a atenção de Maria Isaura Pereira de Queiroz, de Maria Sylvia de Carvalho Franco e de José de Souza Martins, preocupados em pensar o mundo rural a partir das mediações com a sociedade abrangente em processo de modernização.[135] Nesse sentido, esses autores fizeram uma crítica aos chamados "estudos de comunidade", cujos principais representantes foram Emílio Willems e Charles Wagley. O que condenavam nos "estudos de comunidade"?

Maria Isaura Pereira de Queiroz afirma a existência do "campesinato brasileiro" e, em *Bairros rurais paulistas*, observa a existência de diferentes tipos de bairros — o de camponeses e o de agricultores. Para ela, "a sobrevivência do caipira sempre dependeu (...) do equilíbrio obtido na relação estabelecida com a sociedade global".[136] Ela aponta para a cultura dos imigrantes e seus descendentes, assimilados ao modo de vida e ao folclore caipira, o que permitiria a ampliação das bases da civilização rústica.

Ao se retornar aos trabalhos de Maria Isaura Pereira de Queiroz, verifica-se que sua primeira observação em *Bairros rurais paulistas* é que o estudo do meio rural brasileiro, e especialmente o paulista, tem merecido pouca atenção dos pesquisadores. Sabe-se pouco sobre como se organiza e como funciona a sociedade rural paulista. Entre os trabalhos que já se dedicaram ao tema, o de Antonio Candido, *Os parceiros do Rio Bonito*, é seminal, sendo a partir dele que a autora avança em seus estudos. Foi ele quem delimitou o "bairro rural" como "unidade mínima de povoamento nas áreas rurais paulistas, de nível econômico bastante precário, entrando em decadência muito facilmente e parecendo fadado à degradação social ao sofrer o impacto da industrialização ora em processo no estado".[137]

---

[134] Wegner, 2000:220.
[135] Jackson, 2002:95.
[136] Ibid., p. 97-98.
[137] Queiroz, 1973:1-2.

Seu trabalho é uma conversa contínua com o de Antonio Candido e, nele, Maria Isaura procura avançar no entendimento dessa realidade, concordando em muitos pontos com o autor e divergindo em outros. Diria que seu ponto principal seria a questão: estaria realmente o pequeno proprietário condenado à desorganização socioeconômica, ou era possível seu reerguimento?

O bairro, como forma elementar de sociabilidade rústica, tinha alguns traços básicos, entre eles o isolamento e o "sentimento de localidade". Sua caracterização mostra que, nele, o produtor consome o que produz, não visa o lucro com o cultivo da terra. O lavrador, o camponês, vive do que produz e utiliza o que não usa para troca ou venda. O agricultor, diferentemente, produz para um mercado local, regional ou internacional, e seu objetivo é o lucro e, em geral, se especializa no cultivo de um ou dois produtos. O bairro rural tratado por Antonio Candido é composto de camponeses que podem ou não possuir a terra que trabalham. Não é a situação em relação à propriedade da terra o que os qualifica e, sim, a situação de pequenos produtores independentes.

A civilização rústica, como a chamou Antonio Candido, constitui a antiga civilização formada, no Brasil, pelo contato dos portugueses com a nova terra, por sua adaptação à vastidão tropical, pelos processos de aculturação entre as heranças culturais de brancos, índios e negros. Essa civilização teve e tem uma conservação notável; seus traços tiveram tal persistência que atraíram a atenção dos pesquisadores das ciências sociais, interessados na continuidade dos elementos folclóricos.[138] Entendida como sobrevivência de épocas remotas, a civilização caipira existiria em áreas do estado resultantes de povoamento mais antigo.

Historicamente, a civilização caipira foi dominante até o século XIX, embora no XVII já tivesse sofrido mudanças decorrentes das grandes plantações de cana orientadas para a exportação do açúcar. Essas mudanças foram se intensificando no século XIX com as fazendas de café, que produziram o primeiro abalo sério na civilização caipira; em seguida, veio a industrialização, que fez essa civilização desaparecer nas regiões das grandes propriedades, onde trabalhavam os imigrantes europeus recém-chegados.

A disseminação da grande propriedade e a industrialização teriam sido responsáveis pela difusão de uma civilização urbana moderna, de efeito devastador para o mundo rural tradicional, aquele dos "bairros paulistas".

Maria Isaura Pereira de Queiroz dedicou-se ao estudo de diversas localidades, de bairros específicos do interior paulista, procurando responder às questões que a literatura dos anos 1960 e 70 apresentava. No que nos interessa, vale citar suas pesquisas sobre o bairro de Taquiri, situado no município de Leme, no antigo oeste paulista. Sua descrição trata da distribuição da propriedade, das principais culturas e sua produtividade, da

---

[138] Queiroz, 1973: 7.

utilização de arados, da existência de associação rural, do trabalho assalariado e do meeiro, do tipo de casa, do trabalho de colheita, da ajuda mútua, das tensões, das disputas entre famílias, do comércio local, do núcleo central do bairro, da organização da família, da herança, do compadrio, dos equipamentos de educação e saúde, da organização política e dos "cabos eleitorais".

Se a vida política é quase inexistente, a vida religiosa é muito intensa, podendo-se observar a sobrevivência de certas danças folclóricas como parte das festas religiosas. Isso, diz a autora (1973:43), "num bairro cujos habitantes são também descendentes de imigrantes italianos".

No caso particular de Leme e Taquiri, não se observa distância notável entre a vida urbana e a vida rural, encontrando-se nesse bairro basicamente agricultores, que vivem da venda de seus produtos. Assim, do ponto de vista apenas econômico, esse bairro não comporia a sociedade ou a civilização rústico-caipira. Mas outros traços marcam esse grupo:

> É de notar que, num bairro cujos moradores são em sua maioria de ascendência italiana, continuam vivos e apreciados elementos folclóricos de origem portuguesa e brasileira, como a dança de S. Gonçalo e o cateretê. Fenômeno evidente de aculturação, alia-se a um fenômeno de continuidade folclórica que deve ser ressaltado também.[139]

As relações familiares, as vicinais e as de trabalho continuam semelhantes às dos bairros tradicionais e se expressam na importância da ajuda mútua, do compadrio, das festas religiosas. A pouca estratificação social, com uma situação mais igualitária, também marca a vida social do bairro, somando-se ao sentimento de localidade.

> Ao "sentimento de localidade", de que fala Antonio Candido, ajuntamos a igualdade de posição social entre as famílias, que rege as relações entre elas, a participação delas na vida da comunidade, e as relações de trabalho.[140]

A possibilidade de conservação dos aspectos folclóricos tradicionais está ligada às relações sociais em vigência.

> A adoção do folclore luso-brasileiro por famílias de origem italiana é fenômeno que merece estudo. Pode-se pensar que constituindo a festa religiosa um dos fatores mais importantes de integração de famílias e indivíduos de fora, na vida e na estrutura do

---

[139] Queiroz, 1973:48.
[140] Ibid., p. 49.

bairro, (...) a aceitação, pelos descendentes de imigrantes, de traços folclóricos que compunham a festa tradicional, teria sido uma das maneiras de eles se inserirem no grupo vicinal. É lícito supor, pois, que o folclore desempenharia, nos bairros rurais, importante função de incorporação social dos adventícios.[141]

Maria Isaura, nesse seu texto, observa a interseção entre o mundo do imigrante e o universo caipira, questão pouco trabalhada pelas ciências sociais. Por outro lado, o imigrante e sua família são atores sociais tão "tradicionais" quanto aqueles pertencentes à cultura caipira aqui encontrada. Nesse sentido, não há diferença substancial entre o camponês do sul da Itália e o do interior paulista, mesmo que suas manifestações folclóricas sejam distintas.

Sua observação subseqüente também nos ajuda a entender a disseminação do universo caipira para além de seus locais de origem:

> A aculturação das famílias italianas, transformando-lhes o acervo cultural que possuíam, faz com que, ao se estabelecerem em zonas recém-desbravadas, aí possam implantar elas mesmas resquícios da civilização tradicional caipira. Elas se transformam em veículos desta civilização.[142]

Os próprios descendentes de imigrantes podem ter servido de veículos de difusão, fazendo a sociedade tradicional renascer em outros pontos distantes do estado, graças ao êxodo das zonas velhas para as novas. Essa questão é apontada pela autora, ressaltando que esse processo de aculturação ainda não foi suficientemente pesquisado. "A adoção de traços específicos por indivíduos estranhos à civilização caipira" se explicaria pelo desejo de integração.

> Levado por descendentes de imigrantes, o folclore pode ter se espraiado muito além das regiões em que nasceu e viveu até meados do século XIX a civilização caipira. A invasão de certas zonas do estado por elementos vindos de fora não desenraiza tais práticas.[143]

A base em que tais traços se apóiam, e que permite sua continuidade, é constituída pela organização social especial dos grupos de vizinhança. Onde estes entram em decadência, as práticas folclóricas tendem a desaparecer. Onde a organização tradicional se mantém, o folclore permanece, desde que haja indivíduos interessados em sua prática. O

---

[141] Queiroz, 1973:50.
[142] Ibid., p. 50.
[143] Ibid., p. 136.

isolamento não é, assim, o elemento fundamental da continuidade do folclore e, sim, a organização social específica. A proximidade de uma grande cidade pode agir ora como fator de desorganização, ora como fator de conservação. A disseminação de grandes fazendas monocultoras numa área de bairros rurais é fator de decadência para eles tanto quanto o desenvolvimento das cidades.

Como parcelas dos excluídos europeus, os "camponeses" se amalgamaram à sociedade e à cultura dos caipiras, os excluídos daqui. Em Maria Isaura, os descendentes dos imigrantes se aculturaram nos bairros rurais paulistas e, ao se deslocarem, carregaram os traços culturais tradicionais. A mobilidade, longe de apagar a tradição, faz aumentar sua área de atuação. Se, em suas pesquisas da década de 1960, publicadas em 1973, Maria Isaura levantou essa hipótese, temos, mais recentemente, Ruben Oliven (1992), que nos mostra o processo de disseminação da cultura gaúcha em diferentes espaços da fronteira agrícola do país.

A junção entre imigrantes, construção de uma tradição e difusão cultural pode ser observada na pesquisa de Ruben Oliven que trata dos centros de tradição gaúcha (CTGs). Em 1948 foi criado em Porto Alegre o "35 CTG", o primeiro Centro de Tradições Gaúchas, cujo nome evoca a Revolução Farroupilha de 1835. Ele seria um modelo para centenas de outros no Rio Grande do Sul e em outros estados. Seus fundadores eram, em sua maioria, jovens interioranos que foram estudar em Porto Alegre, descendentes de pequenos proprietários rurais, quase todos com sobrenomes de origem lusa.

Já o segundo CTG teve por fundadores adultos de origem alemã oriundos de área de colonização com base na agricultura familiar em pequena propriedade. Para explicar esse "fenômeno estranho", Ruben Oliven observa que, no tradicionalismo, é exaltada a pecuária, ao passo que a agricultura era quase vista como atividade degradante. Ser colono, no nível das representações, significava sobretudo ser carente de certos atributos — ambição, traquejo social —, positivamente considerados.[144] Os imigrantes estrangeiros, por sua vez, idealizavam o gaúcho como tipo socialmente superior. Assim, identificar-se como "gaúcho" significava, para o colono, "uma forma de ascensão social".[145]

O movimento tradicionalista conseguiu se "expandir" na burocracia do Estado, crescendo principalmente nas cidades do Rio Grande do Sul, com a realização de festas, rodeios, festivais de música, que reúnem jovens que ficam acampados evocando a vida campeira e os símbolos de uma identidade regional gaúcha.[146]

Pode-se entender a expansão do tradicionalismo para fora do Rio Grande do Sul acompanhando a emigração dos gaúchos, saídos principalmente do interior do estado

---

[144] Oliven, 1992:80.
[145] Ibid., p. 81.
[146] Ibid., p. 87.

para o interior de outros estados. Em 1980, aproximadamente 900 mil viviam fora do estado, o que equivale a 11,5% da população gaúcha e torna o Rio Grande o estado de maior emigração do Brasil. Essa dispersão populacional se fez presente na criação de CTGs por regiões de expansão no extremo oeste de Santa Catarina, no Paraná e em Mato Grosso do Sul, onde havia 35 desses centros.

> Os colonos que emigraram do Rio Grande do Sul e foram se estabelecer em outras unidades do Brasil, ao cultuarem os costumes e valores das estâncias da campanha estão fazendo referência ao mundo ao qual na verdade jamais pertenceram. Ao saírem do estado, onde eram no máximo proprietários de apenas alguns hectares de terra, e adquirirem glebas bem maiores em áreas de fronteira agrícola, eles simbolicamente deixaram de ser pequenos colonos e transformaram-se em grande fazendeiros, isto é, "gaúchos".[147]

Camponeses imigrantes e caipiras migrantes estariam juntos nesse processo de difusão e transformação de traços culturais pelos mais diferentes lugares do país.

Uma aproximação do tema do contato entre o imigrante, o camponês estrangeiro e o caipira paulista está presente em *Italianos no mundo rural paulista* (2001), de João Baptista Borges Pereira, resultado de importante pesquisa realizada pelo autor entre 1960 e 1968. Pereira trabalha com depoimentos, entre outras fontes, de imigrantes italianos que se dirigiram para Pedrinhas, núcleo próximo da cidade de Assis, em São Paulo. Resultado da Companhia Brasileira de Colonização e Imigração Italiana, criada em 1950, Pedrinhas foi uma comunidade planejada pela companhia e criou a imagem de ser um *villaggio* italiano no interior paulista. A localidade tornou-se município em 1991 e, em 2001, teve uma filha de imigrante italiano como prefeita, segundo informa Pereira no prefácio à segunda edição de seu livro. Cabe ressaltar alguns pontos da pesquisa de João Baptista: trata-se de uma imigração recente (dos anos 1950), de uma imigração para o mundo rural, de uma imigração controlada com a criação e a implementação de uma colônia. O autor conseguiu acompanhar essa imigração quase em seu "instante histórico", assim como o processo de aculturação que estava ocorrendo.

Ao procurar dar conta do grupo migrante, João Baptista observou o número restrito de trabalhos que apresentam as variantes socioculturais da Itália e também citou os poucos estudos sobre o mundo rural no Brasil. Ao lidar com as duas culturas e com o processo de aculturação, observou que, apesar de serem culturas aparentadas, tinham diferentes nuanças.

A Itália, observa o autor, é um país de emigração. Lá se justifica e se estimula a emigração, são favorecidas as atitudes que permitem enfrentar os deslocamentos. O

---

[147] Oliven, 1992:92.

"inculcamento desses valores no plano da personalidade traduz-se na generalizada 'vontade' de emigrar, de que é portador o italiano".[148]

Em um depoimento de um chefe de família apresentado no livro, observa-se o desconhecimento sobre o Brasil: "Vim para o Brasil preparado para lutar com cobras e bichos gigantescos, mas não sabia o que fazer com a saúva que comia tudo que eu plantava".[149] O autor mostra as tensões na chegada, a reação ao isolamento da colônia (os imigrantes viajaram 21 horas de trem de São Paulo até Assis). O italiano reagia ao diferente, valorizava a montanha enquanto o paulista valorizava a terra roxa, as diferenças de padrões higiênicos, o estranhamento de cheiros e gostos.

Foi na colônia que o imigrante incorporou a mecanização da lavoura, já que vinha de uma Itália arruinada pela guerra. O aumento de seu poder aquisitivo é associado ao Brasil e às condições de ser bem-sucedido. Então ele apreende um estilo de vida mais urbano e isso o distancia tanto do estilo de vida do mundo rural italiano quanto do brasileiro. Os italianos foram compondo uma imagem negativa do brasileiro rural, relacionada com a chegada da mão-de-obra nordestina para ocupar posição inferior naquele grupo, pois eram empregados do patrão italiano.

O imigrante do núcleo de colonização teve sua vida econômica sujeita ao planejamento que envolvia o uso racional do solo. Ele reagiu a isso, já que na Itália não estava acostumado a métodos racionais de agricultura. Esse padrão já estava implantado em São Paulo, e seus resultados já se faziam sentir na agricultura dos japoneses, que conseguiam aproveitar bem terras de baixa qualidade. Os valores da região presentes na influência da cidade, na busca do lucro, do dinheiro, do poder econômico fizeram o italiano aceitar o uso de métodos racionais de agricultura, que envolvem apoio técnico e mecanização da lavoura.

O trabalho mostra como aquele grupo inicial se adapta, mantém valores, troca valores, acopla valores novos a velhos. Internamente, o grupo também se diferencia entre os do norte e os do sul. Em Pedrinhas, repete-se a visão preconceituosa já existente na Itália sobre a cultura do sul, ligada à *vendetta* e ao crime. Os do norte são vistos como superiores, mais inteligentes, mais higiênicos, mais progressistas, mais civilizados, racialmente mais puros. Os do sul carregam a visão negativa de ser inferiores, menos inteligentes, mais adequados aos trabalhos braçais, mais atrasados, mais grosseiros, supersticiosos. Reproduz-se com os meridionais, observa o autor, o que ocorre com o negro entre nós.[150]

---

[148] Pereira, 2001:41.

[149] Ibid., p. 66.

[150] Ibid., p. 159.

"O trabalhador brasileiro, com mentalidade pré-capitalista, tem um comportamento que colide em vários pontos com o do *homo oeconomicus.*"[151] Ele vê o italiano como sovina, individualista, interesseiro, egoísta, argentário. E este vê os brasileiros como apáticos, imprevidentes, sem ambições e sem vontade de progredir.

A Igreja, juntamente com as pessoas mais velhas, é um foco de resistência às mudanças e preserva as tradições italianas. A escola e as gerações mais novas são as forças de renovação. A Igreja é mantenedora da tradição, ao mesmo tempo que combate comportamentos da Itália atrasada. Há no livro uma descrição dos rituais fúnebres das populações do sul da Itália, consideradas atrasadas pela Igreja e pelos italianos do norte.[152]

A sociabilidade do grupo se desenvolve no plano da família e da vizinhança. Há com isso o reforço da tendência endogâmica e, com esta, os laços de parentela. A família constitui uma unidade de produção e de consumo. A vida associativa se dá na família extensa, composta de famílias nucleares de mesmo tronco, no que se assemelha à família patriarcal, bem conhecida no Brasil. A família patriarcal, organizada por assimetria, envolve a subordinação dos mais jovens aos mais velhos e das mulheres aos homens. Isso é italiano e também é brasileiro. Mas, ressalta o autor, há nuanças nos comportamentos do norte e do sul quanto ao papel da mulher. A mulher mais velha, esposa ou viúva do *capo*, prepondera sobre todas as demais dentro do grupo. Há reação ao casamento misto, à quebra de padrões endogâmicos, já que permitiria a entrada de mulheres de fora, que não aceitariam obedecer à sogra e morar com a família do marido. Assim, o padrão é procurar casamento com pessoas da mesma localidade, da mesma província, da mesma região e, por fim, da Itália.

Os padrões de transmissão da herança é que são ameaçados quando da presença de cônjuge brasileiro.[153] Este põe em risco o costume histórico de preservar intacto o patrimônio do grupo mediante a passagem da herança para o filho mais velho, ou de beneficiar somente os filhos, dando às filhas apenas alguns bens que as façam aceitar a partilha unilateral. É essa tradição italiana que também existe na península Ibérica sob o nome de *morgadio.* No Brasil, a tradição jurídica é diferente e se choca com essa forma de transmissão de bens (ainda que a legislação italiana já tenha sido alterada). Genros e/ou noras brasileiros ameaçam tudo isso.

Os valores econômicos do imigrante, seu perfil econômico, têm grande afinidade com os valores daquela área — mentalidade pioneira, apologia do *self-made man*, do homem ousado, quase aventureiro. Mas, nota o autor, esses valores se referem ao grupo familiar como unidade de produção e consumo e, não, ao indivíduo. Em sua contabilidade econômica, o italiano valoriza tudo que o faça "ganhar tempo", e é nesse aspecto

---

[151] Pereira, 2001:163.
[152] Ibid., p. 212.
[153] Ibid., p. 203-5.

que aceita substituir elementos da cultura italiana por outros que sejam mais adequados à realização de seus objetivos. Vive mais preocupado com o futuro do que com o passado. O que legitima o *status* mais alto não é a história, mas o sucesso. Tudo isso corresponde aos valores daquela área, que vive a mística do progresso associado ao tempo futuro. Quando indagados sobre a razão do sucesso, o atribuem às qualidades do povo italiano, às figuras heróicas que primeiro enfrentaram a ocupação da região, aos pioneiros.

João Baptista Borges Pereira (2001:26) presta sua homenagem a Emílio Willems, a Egon Schaden (o trabalho é dedicado a ele) e a Pierre Monbeig, mas procura "esclarecer, logo de início, que este não é trabalho que pretende ser classificado, metodologicamente, como 'estudos de comunidade'". Nessa pesquisa sobre os italianos que vieram para o mundo rural brasileiro está presente um traço comum das ciências sociais da época: a recusa ao "estudo de comunidade". Por que esse autor, assim como outros aqui citados, se apressa a esclarecer que não está fazendo "estudos de comunidade"? O que era isso?

Como diz Donald Pierson, a comunidade é constituída por grupos que surgem da simbiose, do fato de viverem juntos. A comunidade é o objeto central do campo denominado ecologia humana (estudos das relações humanas influenciadas pelo hábitat e influenciando o espaço). Competição, conflito, acomodação e assimilação estão entre as categorias básicas para a análise da interação social. O interesse pelo estudo do controle social, ou seja, por mecanismos de ordenamento dos conflitos, da distância social (da qual o preconceito é um tipo), da mudança social forma o elenco de questões e perspectivas que derivam da chamada sociologia de Chicago.

Donald Pierson, Herbert Baldus e Emílio Willems foram professores da Escola de Sociologia e Política de São Paulo (Elsp) nos anos 1940. Na pós-graduação, criada em 1941, por exemplo, Pierson ministrou o curso Pesquisas Sociais na Comunidade Paulista e Willems, que era também professor da USP, deu o curso de Assimilação e Aculturação no Brasil Meridional. O trabalho de Donald Pierson sobre Cruz das Almas e o de Emílio Willems sobre Cunha são as matrizes do que se constitui como estudos de comunidade, ambos concentrados no entendimento da pequena propriedade rural e da presença dos imigrantes naquela área.

Pode-se, pois, dizer que há, sim, uma sociologia esquecida — a que trata dos caipiras. Ou melhor, essa sociologia era rejeitada. Ela está presente em Antonio Candido e em seu *Os parceiros do Rio Bonito: estudo sobre o caipira paulista e a transformação dos seus meios de vida* (1964), em Maria Isaura Pereira de Queiroz e em seus *Bairros rurais paulistas* (1973) e *O campesinato brasileiro: ensaios sobre civilização e grupos rústicos no Brasil* (1973).

Retomando Antonio Candido, Maria Isaura Pereira de Queiroz, na introdução de *Bairros rurais paulistas*, diz que comunidade cobria realidades muito diferentes:

> A comunidade de Willems é uma cidadezinha e seu território administrativo, seu município; a de Pierson, um povoado e seus arredores rurais; a de Wagley, uma cidade

com os povoados que dela dependem, assim como uma área bastante vasta de população dispersa.

A argumentação de João Baptista Borges Pereira (2001:26) também é de ordem metodológica, já que em seu trabalho "faltam-lhe, entre outras características, a representatividade da unidade escolhida para estudo e o interesse pela análise exaustiva de todas as manifestações da vida comunitária". E complementa, dizendo que nessa ressalva não há "quaisquer restrições a este método consagrado pela antropologia cultural; como também não representa endosso às críticas surgidas ultimamente entre nós a este recurso de análise".[154]

Em 1969, Maria Isaura Pereira de Queiroz organizou o livro *Sociologia rural*, da coleção Textos Básicos de Ciências Sociais, para a Zahar Editores. Em sua introdução, faz um balanço das tendências da sociologia rural e aponta a existência de duas: a francesa e a norte-americana. Esta última estaria "voltada para a prática imediata, que pretende dominar um aspecto considerado atrasado e insatisfatório da realidade social para promover nele uma mudança mais rápida no sentido da modernização". A francesa se nortearia por indagações de tipo teórico, abordando os problemas do mundo rural numa perspectiva global e questionando igualmente o urbano. A americana deseja acelerar a integração do mundo rural ao urbano, e a sociologia rural é um instrumento para isso. Daí a ênfase na difusão de novas técnicas e novos sistemas de valores no meio rural, trabalho conhecido como "extensão rural".

Segundo Maria Isaura, o pressuposto de base da sociologia norte-americana é a igualdade fundamental do homem em todos os lugares. Psicologicamente idênticos, os indivíduos se comportam sempre movidos pelos mesmos desejos e aspirações. Com essas premissas, consideram que o agricultor que adota as técnicas mais modernas é sempre mais racional do que aquele que não as adota. Esse quadro de referência permite a elaboração de pesquisas comparativas entre sociedades culturalmente diversas (Brasil, Nigéria, Índia), "selecionando 'comunidades rurais' do mesmo tipo(!)" e aplicando os mesmos questionários a seus lavradores.

O questionamento básico da autora tem a ver com o seguinte ponto: fatores de ordem cultural não se ligam sempre da mesma maneira aos fatos econômicos. Assim, "a difusão de técnicas não resultaria em homogeneização sociocultural, mas na criação de novas formas de civilização, provenientes de processos de sincretismo entre todo o acervo difundido e o acervo sociocultural existente na região".[155]

---

[154] Pereira, 2001:26. O autor cita em nota, como exemplo, Octavio Ianni, Maria Sylvia Franco Moreira [Carvalho Franco] e Oracy Nogueira.
[155] Queiroz, 1969:17.

O tema dos caipiras precisou de Maria Sylvia de Carvalho Franco, com seu livro *Homens livres na ordem escravocrata* (1969), para se inserir em um contexto histórico e intelectual considerado relevante pela elite acadêmica da USP. Esse trabalho foi tese de doutoramento da autora defendida em 1964. Sua banca e os amigos mencionados[156] formam a linha de frente das ciências sociais e da filosofia da USP até hoje. Na introdução, a autora observa que deve haver um esforço para "não renunciar aos conceitos inclusivos que apreendem conjuntos significativos de relações", evitar os esquemas "escravismo-feudalismo-capitalismo" e "não cair no artificialismo de fragmentar a realidade". E explicita sua linha metodológica: "nas relações entre o mundo objetivo e a subjetividade tomei por centro o conceito de *praxis*, que nos livra de velhos fantasmas como *indivíduo e sociedade, personalidade e cultura*".[157] Para tratar o mundo dos homens livres, a autora diz haver uma "presença ausente"— o escravo, sem o qual não é possível compreender sua sorte.

Seu objeto é a velha civilização do café, presente na área de Guaratinguetá e vizinhança, que exprimem a organização agrária colonial. Ela estuda as relações comunitárias do homem livre e pobre, tomando como fonte os processos criminais da comarca da cidade. Daí a valorização da violência como cerne do "código do sertão", no primeiro capítulo. Seu estudo, diz a autora, "observa a continuidade do 'velho' para o 'novo', uma rapidez nas transformações, em lugar das 'resistências à mudança' que em geral se apontam".[158]

A densidade de seu texto merece uma análise que ainda não foi feita. Na literatura sociológica, encontram-se muitas citações a esse texto, mas desconheço quem o tenha enfrentado. E isso também não será feito aqui. Quero apenas observar a posição de onde a autora fala: aluna, orientanda de Florestan Fernandes, a quem dedica o livro, membro de uma geração brilhante e fundadora das ciências sociais no Brasil. Uma autora dessa estirpe, "de esquerda", pode trazer o tema do homem pobre, do caipira, para o debate da formação social brasileira. Pode-se aventar a hipótese de que esse livro funcionou para a sociologia do homem rural brasileiro do mesmo modo que *Grande sertão: veredas* para a literatura regionalista.

Houve, sim, um veto, mas não o mesmo em todos os autores. Guerreiro Ramos, por exemplo, em *Cartilha brasileira do aprendiz de sociólogo*, de 1954, no qual reúne suas teses ou recomendações apresentadas no II Congresso Latino-americano de Sociologia, de 1953, aborda o tema. Em sua quarta recomendação diz não ser aconselhável "aplicar

---

[156] A banca foi composta por Florestan Fernandes, Sérgio Buarque, Antonio Candido, Francisco Iglésias e Octavio Ianni. Entre os amigos mencionados estão: Marialice Foracchi, Roberto Schwarz, Fernando Novaes, José Arthur Gianotti, Walnice Nogueira Galvão e Eunice Ribeiro.

[157] Franco, 1974:14.

[158] Ibid., p. 16.

recursos na prática de pesquisas sobre detalhes da vida social". Em outro texto, sua crítica é mais explícita, quando afirma ser injustificável a realização de trabalhos como *Cunha: tradição e transição em uma cultura rural do Brasil*, de Willems.

Sabe-se que Florestan Fernandes e outros acadêmicos paulistas defenderam Willems dos ataques de Guerreiro Ramos, mas há também uma crítica do grupo paulista advinda das diferenças derivadas das matrizes e das escolas que se desenvolvem em São Paulo. A Elsp, criada com preocupações de ordem prática, deveria produzir estudos que servissem de base a políticas públicas específicas, mas dava ênfase a pesquisas empíricas e, obviamente, a cursos de métodos e técnicas de pesquisa, como seu modelo norte-americano. A USP propugnava um ensino mais humanista, destituído de qualquer finalidade utilitária, e seguia o modelo francês. A seriedade da Elsp, porém, atraiu muitos formandos da USP e fez a pesquisa empírica ser o atributo profissional do sociólogo.

A sociologia da mudança social trabalhou com o conflito entre civilização e "culturas de *folk*", linha de trabalho derivada da antropologia norte-americana, que considerava a vida urbana desorganizadora dos laços estáveis e homogêneos da vida rural e produtora de uma cultura fragmentada na sociedade urbana. O processo de urbanização, fonte da anomia e/ou modernização desejada, foi tratado pela sociologia da época com os conceitos de "demora cultural", de resistências, que se fazem presentes tanto em Florestan Fernades quanto nos trabalhos produzidos no Centro Latino-americano de Ciências Sociais.

Os entraves à modernização já haviam sido tratados antes por Emílio Willems, que introduziu o conceito de "cultura rústica". "Não existe um sistema de entendimentos que possa servir de base comum à civilização urbana e à multiplicidade das culturas sertanejas", dizia Willems,[159] ao estudar o problema rural brasileiro em 1944. A cultura cabocla é nômade, faz uso predatório da terra e dos recursos naturais, tem uma existência vegetativa e é auto-suficiente. Seu modo de vida, chamado caipira, tem uma organização econômica pré-capitalista, alternativa única devido a determinadas circunstâncias. "A rejeição a esse princípio adaptativo por parte do imigrante levava-o a fracassar. E muitas vezes os 'italianos' e 'alemães' acaboclados sobreviveram e contribuíram para o povoamento dos sertões meridionais".[160] Willems reconhece a necessidade da presença dos cientistas sociais nesse processo de mudança, já que eles seriam capazes de compreender os traços culturais e produzir mudanças e, não, anomia. Observa que se sabe muito pouco, para além das imagens literárias, sobre a natureza das culturas caboclas.

Os trabalhos citados — de Antonio Candido, Maria Isaura Pereira de Queiroz e João Baptista Borges Pereira — produziram exatamente o que demandava Willems: co-

---

[159] À respeito de Willems, utilizo a análise de Nísia Trindade Lima (1999:173-177).
[160] Willems, apud Lima, 1999:174.

nhecimento sobre o mundo e a cultura do homem rural. Seus estudos sobre aculturação e assimilação de imigrantes e sertanejos e suas propostas — pesquisa monográfica e estudos comparados — tinham como questão "assegurar maior uniformidade cultural e desenvolver mentalidade congruente com a economia e a vida sociais modernas".[161]

A natureza e o compromisso político das ciências sociais praticadas nos estudos de comunidade são explícitos. O estudo de Willems sobre a mudança sociocultural em Cunha explora os processos de desorganização, individualização e secularização, ou seja, as tensões entre tradição e modernização. Seus estudos de comunidade estavam no campo da modernização do mundo rural brasileiro e partilhavam das premissas consideradas negativas ou problemáticas da sociologia norte-americana.

As questões do homem rural e da presença dos imigrantes podem ser apresentadas a partir de diferentes enfoques, entre os quais o da música sertaneja. O livro de Rosa Nepomuceno (1999) acompanha o caminho "da roça ao rodeio" e explora o surgimento de figuras-chave, de compositores, cantores, duplas, promotores e divulgadores do gênero ao longo do século XX. As figuras desse universo são, em sua maioria, migrantes, que vão tentar a vida na capital e vivenciam o processo de transformação da cidade e da música. Eles trocam a roça pela cidade para trabalhar nas fábricas. Trazem no saco a viola e sonham viver de música. Lutam contra a nostalgia da roça trazida pelo povo que, saído do interior, jamais se adapta completamente à vida da cidade grande.

Foram esses migrantes que, com sua viola de cinco pares de cordas duplas de arame, levaram para as cidades os cateretês, os cururus, as modas de viola, as toadas, os lundus e as congadas, aprendidos em casa com seus pais, avós e bisavós. Junto com as modas de viola também difundiram crenças e lendas sobre o violeiro. "Para ser insuperável, o violeiro tem que fazer mais coisas do que simplesmente estudar e treinar. Deve recorrer aos santos, ou ao capeta, se preferir."[162] Os versos da música caipira contam as aventuras da gente que tocou o gado — os tropeiros, que faziam a ligação entre povoados isolados.

O itinerário das comitivas aponta a trilha das cidades onde a música caipira se desenvolveu. Sorocaba foi a cidade que abrigou a maior feira de muares, iniciada em 1733, e essa feira pode ser considerada uma precursora dos atuais rodeios. Foi também no rastro do café que surgiu a mais vibrante moda de viola, daí ser o triângulo Botucatu-Piracicaba-Sorocaba onde vicejou o principal centro irradiador de música caipira. Nomes como Tonico e Tinoco (filhos de imigrante espanhol), Raul Torres (filho de imigrantes espanhóis), Carreirinho, Angelino de Oliveira figuram no livro, assim como João Rubinato, o Adoniran Barbosa, ítalo-caipira de Valinhos. Em 1955 ele estourou

---

[161] Lima, 1999:176.
[162] Nepomuceno, 1999:77.

com *Saudosa maloca* e *O samba do Arnesto*, sambas com o linguajar caipira e sotaque do italiano do Bexiga.[163]

Outros tipos famosos são destacados por Rosa Nepomuceno (1999:135):

> No Arraial do Capitão Furtado, em 1943, apareceu um trio simpleszinho, malvestido, formado pelos irmãos Perez e mais um primo que tocava sanfona. Lá das plantações de café e algodão das fazendas de Botucatu, os filhos de um imigrante espanhol chegavam dispostos a sair da situação de extrema pobreza em que viviam (...). Venceram o concurso para substituir os principais violeiros do programa [de rádio] e arrumaram o emprego. Capitão comentou que aquele nome espanhol não combinava com uma dupla tão original e brasileira. Sugeriu o nome Tonico e Tinoco, e assim passaram a ser apresentados. Dois anos depois gravaram o primeiro disco, "Em vez de me agradecê", (...). Teriam, a partir daí, a carreira mais brilhante e estável das duplas caipiras...

Foi em Botucatu que apareceu em 1943 um humorista mambembando em galpões alugados: o paulista Mazzaropi. Apresentando-se em circos, fazia sucesso cantando *Tristezas do Jeca*, de outro músico, Roque Ricciardi, que adotou o nome artístico de Paraguassu. Filho de pai italiano e mãe portuguesa, nascido em São Paulo, Mazzaropi passou a infância à porta dos circos. Aos 20 anos, em 1932, já era conhecido nos picadeiros e nos auditórios de rádio onde se apresentava. Criou um tipo: vestido de calça pesca-siri, chapéu de palha desfiado e botina desengonçada, e conseguiu ser considerado o melhor intérprete do Jeca Tatu. Até o final da década de 1940 já tinha produzido, dirigido e estrelado 10 filmes, ficando tão popular quanto rico, lotando salas de todo o país.[164]

Nesse processo de transformação e divulgação da música caipira foi fundamental a participação do folclorista Cornélio Pires. Ao longo de sua vida, Pires produziu 25 livros, entre eles *Musa caipira* (1910), *Quem conta um conto* (1919), *Conversas ao pé do fogo* (1921). Fez palestras; representou roceiros em monólogos criados por ele; montou caravanas de violeiros, cantadores e humoristas, apresentando-se em palcos e picadeiros. É mesmo chamado pela autora de "pai da cultura caipira".

Foi Cornélio Pires quem, em 1929, prensou o primeiro disco de música e humor caipira, percebendo que o fluxo interior-capital continuava e até se intensificava. Levou para São Paulo cantadores e violeiros da região de Piracicaba, interessado que estava em gravar a autêntica música caipira. Os discos que produziu apresentavam anedotas, desafios, declamações, cateretês, modas de viola e foram vendidos pelo interior com enorme sucesso. Isso fez a produtora de discos Columbia reconhecer o espaço existente para esse

---

[163] Nepomuceno, 1999:148.
[164] Ibid., p. 155.

tipo de tema e prensar outros 43 discos até o início de 1931. Foi também ele quem descobriu várias outras figuras, como Batista Júnior (pai de Linda e Dircinha) e Nhá Zefa (Maria di Léo), preferida de Cornélio, nascida na capital e filha de italianos.

Autores teatrais, cantores e compositores, tanto populares quanto eruditos, registravam a música e a poesia dos caipiras e dos sertanejos. Havia uma fronteira difusa, principalmente sob o olhar da cidade grande. O caipira e o sertanejo fugiam da pobreza e desembarcavam em São Paulo e no Rio de Janeiro com a esperança de mudar de vida. Traziam consigo uma força muito grande para enfrentar o trabalho duro e "sobreviver ao desterro". Acaba havendo, então, a fusão de pontos comuns entre o sertão nordestino e a roça caipira.

A dupla Jararaca (alagoano) e Ratinho (paraibano), ainda segundo a autora, sintetiza a forma de apresentação do roceiro, que podia ser mineiro, nordestino, gaúcho, paulista. Seu figurino caricato compunha-se de camisa xadrez, paletós menores que seus manequins, lenços e chapéus de abas curtas. Cantavam emboladas e faziam piadas com as aventuras e desventuras do matuto na cidade.[165]

O rádio foi, sem dúvida, o meio fundamental para a difusão do gênero. Trazia caipiras de primeira linha para se apresentarem, tinha horários dedicados ao público que migrava do interior. Em seus esquetes de humor, de casos, de música, apresentados ao vivo, o caipira obviamente levava vantagem sobre o homem da cidade. Os humoristas exploravam os traços cômicos de sua personalidade, como a mania de mentir para pregar peças no habitante da cidade. No período áureo do rádio e do cinema caipira de Mazzaropi ainda se mantinha uma visão ambígua do caipira, do jeca: ele era ao mesmo tempo bobo e esperto. Sua fala mole, aparentemente inocente, escondia uma malandragem particular.

Os momentos gloriosos da música e do humor caipira foram, segundo Rosa Nepomuceno, os anos 1940 e 50. Nos 1960 a música sertaneja perdeu espaço. Nas cidades, teve que enfrentar a bossa nova e o rock. Seu público era aquele mais ligado às festas tradicionais que aconteciam no interior e na periferia das cidades. Ficou sendo a música do pobre, do interiorano e do suburbano, e seu lugar estava definido — era de segunda classe, o quintal, a cozinha. Os nomes do período áureo, como Tonico e Tinoco e Inezita Barroso, ficaram relegados a programas do tipo "hora da saudade".

As novas relações no campo

A tendência predominante até pouco tempo atrás era ver apenas a cidade como lugar onde as transformações acontecem, onde a história se faz. O campo como espaço das "sobrevivências", como foco das "resistências" ao processo de modernização da sociedade brasileira.

---

[165] Sobre essa dupla, ver Rodrigues (1983).

Hoje isso não é mais assim. Há trabalhos de avaliação dos estudos sociológicos sobre o mundo rural, como o de José Vicente Tavares dos Santos. Segundo ele, foi a partir dos anos 1980 que "foi superada uma problemática relativa ao caráter global das relações sociais na agricultura, ou seja, a controvérsia sobre o feudalismo ou o capitalismo como modo de produção dominantes no campo brasileiro".[166] A sociologia rural trabalhava com visões polares tradicional-moderno ou rural-urbano. Pensava-se na passagem de comportamentos e atitudes "tradicionais" para "modernos", identificados como estilo de vida mais complexo, avanço tecnológico e mudanças em ritmo mais acelerado. "A dicotomia rural/urbano foi pensada em termos de uma urbanização do rural".[167] Assim, na sociologia rural, o conhecimento era produzido para superar o rural, como nos diz José de Souza Martins.

Essa matriz teve que ser alterada. Os processos sociais agrários em curso indicam a existência de um espaço social complexo, com grande diferenciação interna. Falar do Brasil rural hoje é assumir sua formação social capitalista dependente, marcada pela heterogeneidade social e regional, assim como pela exclusão de largos contingentes populacionais.

A reforma agrária dos anos 1950 e 60 era pensada como distribuição de terras desapropriadas do latifúndio improdutivo. Nesse tempo, as pessoas saíam do campo e iam para as cidades em busca de trabalho. O que aconteceu no campo nos últimos 30 anos foi uma reforma agrária que estabeleceu relações de trabalho capitalistas com o assalariamento da mão-de-obra no campo e aumentou a produção. A solução econômica criou problemas sociais cada vez mais visíveis. Hoje são os excedentes urbanos desempregados que estão indo para o campo em busca de subsistência, e há necessidade de expandir a produção para absorver a mão-de-obra tanto no campo quanto na cidade.

José Vicente Tavares dos Santos (1991:25) mapeia quatro eixos temáticos dos estudos sobre o rural, a saber: atuação do Estado; relações sociais no campo; violência, conflitos e lutas sociais; e mediadores políticos atuantes nos processos sociais agrários. Em seu levantamento, o autor diz que ainda não temos um conjunto de estudos capaz de compor um mapa sociológico das relações sociais no campo. Observa também que "a classe social menos estudada, sob todos os pontos de vista, é a burguesia agrária". As classes dominantes no campo só são analisadas em sua dimensão de representação política, principalmente depois da criação da União Democrática Ruralista (UDR).

As políticas públicas têm sido analisadas em seus efeitos: sistema de crédito rural, institucionalização da pesquisa agropecuária (com a criação da Embrapa), centralização das atividades de assistência técnica e extensão rural (com a formação da Embrater),

---

[166] Santos, 1991:20.
[167] Ibid., p. 30.

produção de bens de capital — maquinaria e equipamentos, fertilizantes —, fortalecimento de canais de comercialização, políticas de preços mínimos, criação do seguro agrícola e estímulo ao cooperativismo. A intervenção estatal no campo estimulou o crescimento intensivo da agricultura e implementou uma política de colonização.

O tamanho e a visibilidade do campo brasileiro podem ser notados por suas festas. Segundo a revista *Veja*, de maio de 1999, são realizados anualmente 1.389 rodeios, mobilizando um público de 2,7 milhões de pessoas e arrecadando R$ 27 milhões. A moderna indústria fonográfica relativa a esse segmento vendeu, em 1998, cerca de 13 milhões de CDs. A festa do Peão de Boiadeiro de Barreto, ou a de Americana, oferece exemplos do sucesso atual. A mesma revista *Veja*, de 4 de junho de 2003, atualiza esses dados: o último levantamento sobre rodeios no Brasil diz que são 1.500 provas ao ano e que movimentam cerca de R$ 2,5 bilhões. Mesmo que essas cifras sejam discutíveis, mensuram uma realidade que se impõe aos nossos olhos. O rodeio da cidade de Jaguariuna atraiu 250 mil pessoas em seu último evento e, junto com o de Americana e o de Barreto, forma a trinca dos maiores do Brasil. É esse novo mundo que, criado ou não pela ação das políticas públicas, não importa, é mobilizado no estabelecimento de um novo imaginário, de uma nova identidade para o mundo rural.

Um dos trabalhos mais relevantes sobre a nova ruralidade brasileira é o de João Marcos Alem (1996). Ele aponta como se formou uma "rede simbólica da ruralidade", que se apresenta no vestuário, no consumo de artesanato, na decoração rústica, ou seja, no consumo de símbolos do mundo rural. Essa rede se faz presente em exposições, feiras, festas, rodeios, em eventos esportivos, cívicos, religiosos, e recebe o reforço de programas de rádio e TV, da indústria fonográfica, de revistas, de suplementos de jornais e peças publicitárias.

Esse processo de configuração cultural neo-ruralista, neo-sertaneja ou caipira-*country* é encontrado nas regiões onde a modernização da produção rural foi mais intensa.[168] A nova ruralidade ultrapassou o mundo rural e atingiu as cidades, principalmente as do interior. Está presente no brilho das empresas e dos empresários, nas técnicas modernas de cultivo, nos artistas e nos peões de rodeios, nas pessoas e grupos cujos estilos de vida são muito distantes do Jeca Tatu de Monteiro Lobato, do sertanejo de Euclides da Cunha, dos jagunços de Guimarães Rosa ou dos caipiras de Antonio Candido.

O início da modernização da agropecuária no Brasil esteve ligado ao movimento de extensão rural, que, a partir de 1948, teve como missão educar e difundir tecnologia para o pequeno agricultor. De 1948 a 1980 somaram-se a esse movimento o crédito subsidiado, a adoção crescente de máquinas, implementos e fertilizantes químicos, tendo como suporte a pesquisa tecnológica gerada nas escolas e centros especializados manti-

---

[168] Alem, 1996:2.

dos pelo Estado.[169] Formou-se, assim, um complexo sistema institucional de fomento econômico e tecnológico para a agricultura, sob a égide do projeto de desenvolvimento e segurança dos governos militares. Constituiu-se assim a modernidade peculiar no campo brasileiro — uma modernização sem reforma agrária. Foram deixados de fora os "produtores resistentes às mudanças", aqueles que não foram capazes de transformar seus latifúndios em empreendimentos capitalistas.

A modernização teve caráter parcial e foi socialmente excludente, produzindo desdobramentos na sociedade: concentração da propriedade da terra, intensificação das migrações campo-cidade com aumento desenfreado da população urbana, deterioração das condições de vida dos trabalhadores sem terra e aumento das tensões e conflitos no campo entre o Movimento dos Sem Terra (MST) e os proprietários.

"A modernização rural brasileira foi seletiva, parcimoniosa e exuberante."[170] Seus agentes sociais suplantaram as agências do Estado com seus intermediários pioneiros, os técnicos da extensão rural.

As instâncias de consagração da nova ruralidade são as exposições e festas ruralistas, ainda pouco estudadas pelas ciências sociais. São essas festas o espaço social em que se processa a invenção de uma nova tradição: o mundo cultural caipira/*country*, fruto da reelaboração de símbolos escolhidos da ruralidade.

As exposições oferecem a oportunidade de ritualizar posições de classe e exibir a autoridade política de grupos tanto privados quanto estatais, e são, ao mesmo tempo, eventos das culturas populares, nos quais se celebram certas tradições folclóricas e religiosas. Ou seja, desempenham papel similar ao das exposições universais, que, desde meados do século XIX, construíram e difundiram a cultura urbana industrial.

As exposições e feiras de dois estados — São Paulo e Minas Gerais —, pesquisadas por Alem (1996:113), são produções onde acontece "uma associação íntima entre entidades de classe de proprietários do campo, especialmente os sindicatos patronais, o Estado e empresas diversas, entre os quais opera um corpo inovado de intermediários culturais".

Grandes empresas disputam os espaços mais visíveis e privilegiados nas feiras. Empresas menores ficam com espaços laterais. Pipoqueiros; churrasqueiros; vendedores de maçãs do amor, de amendoim, de bebidas, de artesanato (os trabalhadores informais) se instalam em torno do evento, permitindo compor um cenário chamado de "mercado persa", que acompanha as exposições em seu calendário por todo o Brasil.

Alem (1996:132) destaca os chamados intermediários culturais: produtores de exposições, profissionais de relações públicas, publicitários, jornalistas, artistas, avaliadores e juízes de animais, leiloeiros, locutores de rodeios, além dos profissionais espe-

---

[169] Alem, 1996:77.
[170] Ibid., p. 82.

cializados: tropeiros e peões. Acompanhando o processo, o autor mostra, passo a passo, a organização da festa. Depois de confirmados os produtores rurais expositores, os apoios do poder público, são chamadas as empresas de publicidade que planejam e executam as estratégias de venda dos eventos. São as agências de publicidade que garantem as receitas das exposições e que produzem os conteúdos simbólicos, reelaborando a configuração sertaneja.

O rural se transfigura em referencial múltiplo. Ora aponta o passado, ora o presente, ora o futuro. A festa tem normalmente elementos fixos, aqueles ligados à tradição e a certas empresas cujos produtos estão ligados a produtos e insumos rurais. E elementos variáveis, aqueles mais ligados aos consumidores ou a eventos do momento. Redes de emissoras de rádio e TV se encarregam de anunciar sua realização. A divulgação é feita também por caminhões com auto-falantes, algo entre os antigos anúncios de circo na cidade e o trio-elétrico.

Os apresentadores dos shows, os mestres de cerimônia, tratam de recriar a proximidade física e simbólica, fazendo apelos do tipo:

> Nossos velhos companheiros de luta nas lides da roça, nossos jovens batalhadores da produção rural, nossos artistas do folclore. (...) Fazem a experiência social massificada parecer familiar ao impregná-la de práticas e símbolos de aparência rústica e nostálgica de um tempo que não volta mais, a não ser nas exposições.[171]

As exposições juntam todos, classes dominantes e dirigentes, produtores e promotores, além de peões e trabalhadores. O rodeio se autonomizou como espetáculo nas festas rurais. "Saiu do campo da produção cultural rústica e popular, da cultura pastoril subalterna, para o campo valorizado da produção animal, da indústria cultural e dos espetáculos de massas."[172] A indústria cultural se dedica à construção dessa nova ruralidade, que representa o milagre econômico e a triunfante modernização, e faz as cidades disputarem a realização de eventos, a fim de, inclusive, aumentarem seu potencial turístico.

O autor acompanha a festa de Barreto, mostrando as fases iniciais, quando o clube Os Independentes a criou em 1956. Embora nenhum dos membros do clube tenha sido peão (são proprietários rurais), eles se auto-representam como peões, como homens simples, da terra, que conviveram com o peão no manejo do gado.

O peão da boiada é certamente um dos mais importantes tipos sociais da cultura pastoril no Brasil, e em torno dele foi construída uma mitologia e um imaginário presen-

---

[171] Alem, 1996:143.
[172] Ibid, p. 156.

tes no folclore, no romantismo literário, no regionalismo, no modernismo de Graciliano Ramos, de Guimarães Rosa, de Mário Palmério, entre outros. As representações do caipira como peão de boiada tiveram fixação nos contos e na música, com Cornélio Pires e Capitão Furtado, que levaram suas representações para o disco e o rádio, como veremos mais adiante. O imaginário do peão constitui um

> elo entre as práticas sociais e simbólicas subalternas dos trabalhadores do campo e as que eram próprias dos sujeitos rurais dominantes (...) O peão de boiada era produtor e condutor da riqueza das vastas regiões pecuaristas brasileiras, era o operário sertanejo que detinha o maior prestígio junto aos proprietários, ao mesmo tempo que era um herói, um vencedor entre os sujeitos socialmente dominados.[173]

Tinha um saber e uma arte que podiam ser espetacularizados. Para Alem, o peão torna-se central na invenção da tradição, já que tem um significado econômico — sem ele não haveria pecuária. E como herói da produção pode ser reelaborado simbolicamente. Para o peão, tudo isso era bom, ainda que sua posição subalterna não se alterasse.

Entre as diversas modalidades de manifestação folclórica, como as cavalhadas — que simbolizam a luta dos cristãos contra os mouros —, o rodeio foi escolhido para ser central na festa, já que suas apresentações têm repercussão em um público que abrange todas as camadas sociais.

O sucesso da Festa do Peão de Barreto a transformou em uma imensa vitrina do folclore nacional, e por lá já se apresentaram grupos dos centros de tradição gaúcha,[174] do Nordeste, assim como grupos folclóricos argentinos, paraguaios, bolivianos, peruanos e chilenos.

Os membros do clube Os Independentes conseguiram deslocar a festa da produção material do agro para a produção simbólica. Retomaram as marcas do rural-popular, requalificando-as:

> Os caipiras de Lobato e de Mazzaropi só foram redimidos do estigma de perdedores quando curados pela ciência e quando pareciam matreiros para suplantar os inimigos da cidade (...). Para o peão da boiada, a matreirice significa manter-se sobre os animais que pulam nos rodeios, conquistar os prêmios milionários e a fama.[175]

Assim se processa a síntese entre o heróico peão de boiada do Brasil central e o heróico *cowboy* norte-americano — é a imagem do caipira/sertanejo vencedor, "não mais retirado do campo para a máquina fabril, mas do campo para a máquina simbólica".[176]

---

[173] Alem, 1996:182.
[174] Sobre os centros de tradição gaúcha, ver Oliven (1992).
[175] Alem, 1996:186.
[176] Ibid., p. 186-187.

A montaria dos touros, que se consolidou a partir de 1983, envolveu o reforço da face *country*, que se completou em 1993, quando foram estabelecidas regras para que os eventos pudessem ser uniformizados segundo o padrão do mercado internacional, adotado também no Canadá, na Austrália, no México e em outros países que integram o circuito mundial. Depois de nomear as diferentes provas, o autor observa que restou muito pouco do mundo caipira, das vaquejadas, touradas e outros folguedos dos vaqueiros gaúchos, nordestinos ou do Pantanal.

> Um formato mais regular e uniforme de competição esportiva aplicado aos rodeios busca obter uma recepção que ultrapasse as fronteiras sociais e geográficas, como se vê no futebol e nos esportes mais generalizados pelo mundo.[177]

Como foi possível partir da tradição, do folclore, para se produzir o *country* brasileiro? Essa é a pergunta que o autor procura responder. O herói central do rodeio é o peão, mas não é ele quem narra seu papel no ritual dramático da arena. "O peão é um personagem."[178] Seu narrador é o locutor de rodeios, que o constrói em primeira mão, ao vivo, na arena. Alem transcreve várias falas do locutor ao conduzir a festa, suas emoções, seus apelos à proteção divina, seus versos, que se tornam o mote central na locução do rodeio e da festa.

A elite dos locutores — Zé Prato, Barra Mansa, Tony Karrero, Asa Branca, entre outros — é formada por cerca de 20 profissionais, que têm a preferência dos promotores. Eles também se envolvem na publicidade e são "donos" de outros eventos, junto com empresas de publicidade, tropeiros, equipes de som e vídeo. Os locutores apresentam o rodeio como esporte radical que tem a violência como componente fundamental e, com isso, fazem o rodeio "em sua versão de ritual competitivo espetacularizado" compartilhar do *código do sertão*.[179]

> Espécie de corifeu do teatro de arena de rodeios, o locutor recita ditirambos, satiriza, ironiza, dramatiza todas as cenas e personagens do rodeio, mas, acima de tudo, valoriza a reelaboração da cultura ruralista. Enquanto narra, corre, salta sobre as cercas, comanda o público em gestos e coros, grita, gargalha, sussurra, canta. O locutor que agrada é o que forma frases e versos com rimas de efeito, que arranca risos e aplausos da platéia.[180]

---

[176] Alem, 1996:186-187.
[177] Ibid., p. 197.
[178] Ibid., p. 201.
[179] Ibid, p. 207. A violência como componente básico do *código do sertão* já foi trabalhada por diferentes autores, entre eles os que estudam os movimentos messiânicos.
[180] Alem, 1996:212.

Esse mestre do coro exprime entusiasmo ou delírio, trabalha com a ênfase da entonação — sinaliza para o público os momentos mais graves; faz uso de erros de pronúncia, reforçando o sotaque que o identifica com o mundo caipira. Eles próprios "definem a locução como o 'transe' do artista".[181]

A partir de eventos modelares, como os de Uberaba e Barreto, a nova ruralidade se expandiu para todo o Centro-Sul e Centro-Oeste, unificando as práticas ruralistas e diluindo as distinções entre o rural e o urbano, como se pode ver em festas do peão que acontecem em São Caetano, no ABC paulista.[182]

Outro trabalho que aborda o tema do novo ruralismo é a tese de doutorado de Silvana G. de Paula (1999), que reconstitui a genealogia do estilo *country* no oeste paulista, mais precisamente no município de Presidente Prudente. Nessa região, o estilo de vida chamado *country* se faz presente no vestuário, no consumo e no comportamento cotidiano, primeiro, dos pecuaristas e, depois, de outras categorias sociais. A autora acompanhou as transformações acontecidas, entrevistando três gerações de pecuaristas. Os mais velhos compõem a geração constituída dos desbravadores do oeste paulista. A segunda geração consolidou os empreendimentos e seus partícipes; ainda que tenham feito cursos superiores de medicina, economia e engenharia, se dedicaram à pecuária e foram os que estabeleceram os primeiros contatos com o *country* norte-americano. Paula observa que está instalada na região a empresa King Ranch, com sede no Texas, introdutora no Brasil do cavalo quarto-de-milha, que progressivamente substituiu a raça manga-larga na atividade pecuária. Os integrantes dessa segunda geração passaram a ter relações com os norte-americanos, visando a realização de negócios. Foram também os primeiros a visitar as feiras agropecuárias, ranchos e eventos esportivos texanos. Através de publicações norte-americanas dedicadas à criação de gado bovino e eqüino, foram incorporando inovações e a mentalidade empresarial capaz de garantir a racionalidade no acompanhamento das atividades e das condições de mercado. A terceira geração já desfrutou de situação financeira consolidada e de um canal já estabelecido, por seus pais, com os Estados Unidos. Desse setor jovem surgiu o grupo denominado Sociedade Os Vaqueiros, que organizou o primeiro grande rodeio da cidade. Foram eles que disseminaram a moda e o gosto *country* muito além dos pecuaristas e acabaram por instaurar um novo padrão estético.

Esses jovens, promotores de eventos, assim como os pecuaristas, seus pais, são habitantes da cidade. Assim, o estilo de vida *country* introduz o tema da ruralidade no cenário urbano. Sua composição, continua Paula (1999:17), agrega tradições agrárias

---

[181] Alem, 1996:213. O autor entrevistou organizadores, locutores e peões de rodeio, e acompanhou as matérias em revistas especializadas, como a *Rodeio News*, de São José do Rio Preto, São Paulo.
[182] Alem, 1996:230-233.

brasileiras, "uma peculiar interpretação da experiência *country* norte-americana e a aspiração de seus adeptos por instaurar a imagem e a experiência de uma ruralidade simultaneamente refinada e sintonizada com o cenário contemporâneo". A diferenciação em relação ao estilo *country* norte-americano é que este está associado ao labor e, não, à sofisticação, conjuga idéias de rusticidade e simplicidade. No Brasil, o estilo aponta para valores ligados à idéia de distinção, que se faria presente nos cenários de elegância e refinamento de eventos esportivos *country*. Sua tese principal é que, no Brasil, o padrão *country* é uma experiência de sociabilidade urbana inspirada no tema da ruralidade.

Esse processo pode ser, como já mencionei, acompanhado pela trajetória da música de inspiração rural. Rosa Nepomuceno ressalta os primeiros passos do ressurgimento da música caipira, com Chitãozinho e Xororó, que apareceram em 1970; Milionário e Zé Rico, que estouraram em 1975. Sérgio Reis, Rolando Boldrin, Almir Sater são figuras dessa nova safra. A essa altura, o mundo sertanejo estava dividido. De um lado, os quase marginais, apegados às tradições. De outro, os que procuravam a integração com as novidades do mercado e que vendiam mais. Chitãozinho e Xororó apresentavam as "baladas rancheiras com roupagem *pop* cantadas em terças (...) criaram um abismo intransponível entre os dois mundos — o da música tradicional[183] e o da sertaneja moderna".[184]

Os artistas do *boom* sertanejo da década de 1980 cantavam para um Brasil que voltava a ter no campo grande força econômica, quase seis décadas depois de ter experimentado o período mais rico da cultura cafeeira. A mão-de-obra continuava a ser despachada para as cidades, mas isso não interferia no crescimento do chamado agribusiness, importador de máquinas e modernizador dos processos produtivos. Café, cana-de-açúcar e gado garantiam vendas no mercado externo, dólares e mudanças de costumes em regiões do interior. Enquanto isso, as metrópoles se empobreciam, inchadas pela população pobre expulsa do campo, gerando desemprego, violência, e expondo a precariedade de suas infra-estruturas. Maringá e Cascavel, no Paraná; Ribeirão Preto e São José do Rio Preto, em São Paulo; Uberaba e Uberlândia, em Minas Gerais; Rondonópolis, no Mato Grosso, estão entre as cidades do interior que modificavam o cenário e os valores rurais.

Os filhos dos ricos e da classe média passaram a preferir se fixar no interior. Não era mais necessário ir para a capital para ter acesso à informação e a bens de consumo, boas universidades e oportunidades profissionais. Os interioranos, em vez de seguirem a

---

[183] A empresa Kuarup Discos tem o que há de melhor. No CD *No sertão, violas e cordas*, Roberto Corrêa é apresentado como homem do sertão de Minas, violeiro que junta o conhecimento erudito e a pesquisa da tradição da viola. Nesse CD estão *Luar do sertão*, de João Pernambuco e Catulo da Paixão Cearense; *Asa branca*, de Luiz Gonzaga e Humberto Teixeira; *Viola enluarada*, de Marcos e Paulo Sérgio Valle, entre outros clássicos do gênero. Ver <http://www.kuarup.com.br>; contatos por e-mail para: kuarup@kuarup.com.br.
[184] Nepomuceno, 1999:197.

reboque dos padrões das cidades, foram buscar no *country* norte-americano os novos modelos de vestir, de lazer e de música. Eles se permitiam casar a alma rural com o progresso e com a riqueza, e não mais a alma ingênua com a pobreza.[185]

Chitãozinho e Xororó traduzem esse interior rico, farto, ligado *on line* ao Primeiro Mundo. Eles foram os primeiros a dar maior dimensão à ligação sertanejo-*country*, inaugurada no final dos anos 1940 por Bob Nelson; e também foram os últimos, na geração dos astros populares, a ostentar sua herança rural, presente em seus primeiros discos.[186]

Para os críticos, a música caipira perdeu todo o vínculo com o campo, abandonou as origens. O único ponto de identificação com o universo rural são os temas do boi e do peão, mantidos por causa dos rodeios que atraem grande público. Para a autora, porém, ainda existem traços da música caipira de raiz. O Clube Os Independentes, responsável pela festa de Barreto, por exemplo, promove o festival Violeira, onde surgem novos músicos da autêntica música caipira.

Esse processo "da roça ao rodeio" foi coroado pelas novelas, quando a música caipira deixou de ser ouvida e tocada no quintal e chegou à sala. A viola de Almir Sater, as modas de Sérgio Reis, o ambiente rural e o dialeto caipira marcaram *Pantanal*, em 1990, e *Ana Raio e Zé Trovão*, em 1991, na Manchete e, em 1996, na Globo, *O rei do gado*. O campo da música popular nordestina/sertaneja foi permeável e permitiu que algumas figuras passassem do mundo dos imigrantes para o caipira, como Tonico e Tinoco, Mazzaropi, Adoniran Barbosa, entre outros. Assim, um fenômeno aparentemente ligado ao local, ao tradicional, ao regional, ao folclore tornou-se bem de consumo moderno, desejável por amplos segmentos da população e inserido na globalização. E o agribusiness e o circuito de rodeio criaram espaço para que os neocaipiras e os atrasados de ontem se tornassem os globalizados de hoje.

Como já disse, o modo de recontar o processo de reajuste da economia brasileira aos avanços do capitalismo mundial é variável, ora sendo visto como avanço, ora como decadência, ora valorizando o lado da modernização, ora da ruína. Quanto mais globalizada a economia, mais localista, e é nessa simbiose que ganham sentido os novos caipiras-*countries*. A reelaboração da identidade do caipira pode nos ajudar a pensar a questão dos grupos imigrantes, com o redimensionamento do papel e do lugar de cada um deles na construção da sociedade brasileira. Por outro lado, a análise da presença do migrante nordestino e a reelaboração de sua identidade no "Sul maravilha" ainda estão a pedir a atenção de estudiosos e acadêmicos.

---

[185] Nepomuceno, 1999:201.
[186] Ibid., p. 204.

Bibliografia

ALEM, João Marcos. *Caipira e* country*: a nova ruralidade brasileira*. 1996. Tese (Doutorado em Sociologia) — USP, São Paulo, 1996.

———. Identidades e lutas simbólicas no Brasil *country*. In: MACHADO, Maria Clara Tomaz; PATRIOTA, Rosangela (Orgs.). *Política, cultura e movimentos sociais: contemporaneidades historiográficas*. Uberlândia: UFU, 2001. p. 71-84.

ANTUNIASSI, Maria Helena Rocha. Mundo rural e agricultura no Brasil. In: KOSMINSKY, Ethel V. (Org.). *Agruras e prazeres de uma pesquisadora: ensaios sobre a sociologia de Maria Isaura Pereira de Queiroz*. Marília, SP: Unesp/Fapesp, 1999. p. 125-136.

BERRIEL, Carlos Eduardo Ornelas. *Tietê, Tejo, Sena; a obra de Paulo Prado*. Campinas: Papirus, 2000.

CHIAPPINI, Lígia. Do beco ao belo: dez teses sobre o regionalismo na literatura. *Estudos Históricos*, v. 8, n. 15, p. 153-159, 1995.

COLI, Jorge. A violência e o caipira. *Estudos Históricos*. Rio de Janeiro, n. 30, p. 23-31, 2002.

D'AQUINO, Teresinha. O olhar de Maria Isaura sobre o rural: tradição e mudança. In: KOSMINSKY, Ethel V. (Org.). *Agruras e prazeres de uma pesquisadora: ensaios sobre a sociologia de Maria Isaura Pereira de Queiroz*. Marília, SP: Unesp/Fapesp, 1999. p. 161-171.

DE LUCA, Tânia Regina. *A Revista do Brasil: um diagnóstico para a (n)ação*. São Paulo: Unesp, 1999.

DIAS, Maria Odila Leite da Silva. De monções a caminhos e fronteiras. *Revista do Brasil*, v. 3, n. 6, p. 63-67, 1987. [Número especial dedicado a Sergio Buarque de Holanda.]

DURHAM, Eunice R. *A caminho da cidade; a vida rural e a migração para São Paulo*. São Paulo: Perspectiva, 1984.

FERREIRA, Antonio Celso. Vida (e morte?) da epopéia paulista. In: FEREIRA, Antonio Celso; DE LUCA, Tania Regina; IOKOI, Zilda Grícoli. *Encontros com a história: percursos históricos e historiográficos de São Paulo*. São Paulo: Unesp/Fapesp, Anpuh-SP, 1999. p. 91-106.

FRANCO, Maria Sylvia de Carvalho. *Homens livres da ordem escravocrata*. 3. ed. São Paulo: Kairós, 1974. [1. ed.: Instituto de Estudos Brasileiros/USP, 1969.]

GIULIANI, Gian Mario. Neo-ruralismo: o novo estilo dos velhos modelos. *Revista Brasileira de Ciências Sociais*, n. 14, 1990.

JACKSON, Luiz Carlos. A tradição esquecida; estudos sobre a sociologia de Antonio Candido. *Revista Brasileira de Ciências Sociais*, v. 16, n. 47, p. 127-140, out. 2001.

———. *A sociologia esquecida; os parceiros do Rio Bonito e a sociologia de Antonio Candido.* Belo Horizonte: UFMG; São Paulo: Fapesp, 2002.

LAJOLO, Marisa. *Monteiro Lobato; um brasileiro sob medida.* São Paulo: Moderna, 2000.

LIMA, Nísia Trindade. *Um sertão chamado Brasil.* Rio de Janeiro: Revan, Iuperj, 1999.

MARTINS, José de Souza. *A imigração e a crise do Brasil agrário.* São Paulo: Perspectiva, 1973.

NEPOMUCENO, Rosa. *Música caipira: da roça ao rodeio.* São Paulo: Editora 34, 1999.

OLIVEN, Ruben. *A parte e o todo:* a diversidade cultural no Brasil-nação. Petrópolis: Vozes, 1992.

PAULA, Silvana G. de. O *country* no Brasil contemporâneo. *História, Ciências, Saúde — Manguinhos,* v. 5, p. 273-286, jul. 1990.

———. *O campo na cidade; esportes* country *e ruralidade estetizada.* 1999. Tese (Doutorado) — Iperj/Ucam, Campinas, 1999.

PEREIRA, João Baptista Borges. *Italianos no mundo rural paulista.* São Paulo: Edusp, 2001.

PROENÇA, Manuel Cavalcanti. Caminhos e fronteiras. *Revista do Brasil.* Rio de Janeiro, n. 6, p. 68-75, jul. 1987. [Número especial dedicado a Sergio Buarque de Holanda.]

QUEIROZ, Maria Isaura Pereira de (Org.). *Sociologia rural.* Rio de Janeiro, Zahar, 1969. (Coleção Textos Básicos de Ciências Sociais.)

———. *Bairros rurais paulistas, dinâmica das relações bairro rural-cidade.* São Paulo: Duas Cidades, 1973.

RODRIGUES, Sônia Maria Braucks Calazans. *Jararaca e Ratinho, a famosa dupla caipira.* Rio de Janeiro: Funarte, 1983.

SANTOS, José Vicente Tavares dos. Crítica da sociologia rural e a construção de uma outra sociologia dos processos sociais agrários. *Ciências Sociais Hoje,* Anpocs, 1991.

WANDERLEY, Maria de Nazareth B. Uma categoria rural esquecida: os desafios permanentes da sociologia rural brasileira. In: KOSMINSKY, Ethel V. (Org.). *Agruras e prazeres de uma pesquisadora: ensaios sobre a sociologia de Maria Isaura Pereira de Queiroz.* Marília, SP: Unesp/Fapesp, 1999. p. 137-160.

WEGNER, Robert. *A conquista do Oeste; a fronteira na obra de Sergio Buarque de Holanda.* Belo Horizonte: UFMG, 2000.

YASUDA, Enid. O caipira e os outros. In: BOSI, Alfredo (Org.). *Cultura brasileira: temas e situações.* São Paulo: Ática, 1992. p. 103-113.

4

Portugueses e brasileiros: uma relação tão delicada*

Muitos livros foram publicados recentemente sobre as relações entre portugueses e brasileiros. Entre eles, pode-se citar *Os Lusíadas na aventura do Rio moderno* (2002), livro organizado por Carlos Lessa que reúne o que há de melhor sobre a presença lusitana na vida da cidade do Rio de Janeiro, enfocando diferentes campos e perspectivas. A relevância dos trabalhos existentes sobre o tema — muitos citados na bibliografia — me leva a fazer apenas um vôo panorâmico sobre as questões da emigração portuguesa para o Brasil. Por outro lado, minha falta de conhecimento sobre esse "outro", ao mesmo tempo tão próximo e tão distante, me levou a tentar acompanhar as imagens que foram sendo construídas sobre os dois países no imaginário da elite letrada portuguesa e brasileira. A compreensão da centralidade do tema da decadência no pensamento do fim do século XIX em Portugal e seus reflexos no pensamento brasileiro nos ajudam a entender melhor as interpretações do Brasil no imaginário português e brasileiro ao longo do século XX.

As relações luso-brasileiras serão exploradas neste capítulo a partir de quatro momentos de comemoração: o do IV Centenário do Descobrimento, o do Centenário da Independência, o dos Centenários Portugueses e o do V Centenário do Descobrimento. As relações entre os dois países e povos, nomeadas aqui como "muito delicadas", permitem que se pontuem as complexas relações entre passado, presente e futuro.

---

* Uma primeira versão deste texto foi apresentada no Congresso da Sociedade Brasileira de Sociologia, realizado na Unicamp em outubro de 2003, e publicada na revista *ArtCultura*, Uberlândia, n. 9, p. 119-127, jul./dez. 2004.

Colonização e emigração

Em primeiro lugar, torna-se necessário pensar separadamente duas experiências históricas e sociais distintas no mundo português. Uma é a colonização portuguesa nas terras do Novo Mundo, criando uma colônia que, no século XIX, se tornou independente de Portugal. Outra é a vinda de imigrantes portugueses para a antiga colônia no bojo do movimento emigratório que atingiu a Europa no final do século XIX e início do XX.

Inúmeros autores mencionam essa diferença. Eduardo Lourenço, por exemplo, em *A nau de Ícaro* (2001) e, em particular, no capítulo "A nau de Ícaro ou o fim da emigração", explora o estado atual da cultura portuguesa. Para o autor, há uma diferença entre as saídas — de Lisboa, Sevilha, Londres, Dieppe, Hamburgo, Amsterdã — da Europa, quando se realizou um empreendimento de caráter planetário que recebeu os nomes de "expansão", "conquista", "colonização", e o que aconteceu depois, na chamada "emigração". Esses movimentos, lembra Lourenço, ainda não eram a verdadeira emigração. Para ele, os verdadeiros primeiros emigrantes foram os peregrinos do *Mayflower* que partiram para uma nova terra prometida. Tinham um sentimento ou a certeza do não-regresso ao lugar de origem. E mesmo esses, é preciso lembrar, criaram uma Nova Inglaterra, o que mostra que não cortaram imediatamente o cordão umbilical com a Europa.

Os castelhanos, primeiros migrantes para a nova terra, partiram para "um território que, antecipadamente, consideravam seu". Os portugueses também. Viajavam procurando uma melhor sorte e sempre estiveram guiados pelo desejo do regresso. Vinham para terras açucareiras do Nordeste da colônia e, depois, para a região do ouro das Minas Gerais como senhores e sentiam no fundo de si a necessidade de um retorno simbólico à Europa.

Antes do século XIX, os europeus não emigraram no verdadeiro sentido da palavra, já que emigração "supõe que alguma coisa melhor do que se deixa nos espera para nos dar oportunidade de mudarmos de estado ou de funções". Os colonos ibéricos eram espanhóis e portugueses no Novo Mundo e, principalmente, não inventaram uma nova identidade simbólica. Os portugueses partiram e agiram "como se nunca tivessem saído de casa". Mais tarde, pagariam essa vocação "migratória sem invenção de identidade, por assim dizer, com um suplemento de nostalgia".[187]

Os milhões de portugueses que partiram ao longo dos séculos não dotaram essa experiência de um sentido trágico, nem mesmo dramático, diz Eduardo Lourenço. "Talvez isso explique por que a nossa literatura [portuguesa] tenha tomado tão pouco em conta a figura do imigrante."[188] Ele só foi glorificado quando regressou como filho

---

[187] Lourenço, 2001:45, 48.
[188] Ibid., p. 48. Sobre esse tema, no contexto italiano, ver Ianni (1972).

pródigo ou quando já produziu uma nova identidade e se tornou outro. As nações emigrantes, lembra o autor, não podem assumir positivamente o fenômeno, uma vez que se trata de expulsão, de incapacidade de integração na Europa. "Ela livra-se dos seus pobres para que se tornem ricos (ou menos pobres) algures."[189]

A emigração portuguesa ontem e hoje

Portugal não foi um caso isolado de emigração, nem mesmo um caso particular, apenas seus filhos tiveram um destino preferencial: o Brasil. O movimento de emigração cresceu a partir da segunda metade do século XIX e chegou ao máximo entre 1911 e 1913, considerado um período de êxodo maciço. No fim do século XIX e início do XX, com a verdadeira emigração, o antigo senhor deslocou-se para as antigas colônias como trabalhador. "A cor da pele protege-o e humilha-o no novo papel de homem branco que tem de carregar sobre seus ombros o fardo do antigo colonizador."[190] A sociedade portuguesa estava às voltas com o início do regime republicano (1910) e o fenômeno da emigração era associado ao abandono em que os governos monárquicos deixaram sua população rural.

A emigração era vista como mais um sinal de decadência do país e revelava a incapacidade e a fraqueza de um povo e de uma nação, que se mostravam incapazes de produzir e oferecer a seus filhos meios de subsistência, assim como havia sido incapaz de conservar os seus "direitos históricos", ou melhor, suas pretensões coloniais.[191] Deste modo, reforça-se a idéia de decadência que estaria atingindo Portugal durante o século XIX. Pesquisando os jornais, Domingos Caieiro observou e inferiu a intensidade do fenômeno da emigração e os sonhos que ela envolveu, principalmente ao falar do Brasil — sua antiga colônia — como terra de promissão, o Eldorado. Os jornais conseguiam difundir idéias e casos sobre os portugueses que tinham abandonado a terra, ainda que a população portuguesa fosse constituída de 90% de analfabetos. Muitas dessas notícias incentivavam milhares de portugueses a abandonar o mundo rural e tomar o caminho do Brasil em busca de melhores condições de vida. A notícia da emigração fazia crescer a emigração, produzindo o que se chamou à época de "febre da emigração". As crises e os problemas da agricultura em algumas regiões, principalmente do Douro e Trás-os-Montes, estiveram sempre presentes nos primeiros anos da República e serviram para reforçar a necessidade de partir.

É importante ressaltar que não emigraram os naturais das aldeias mais atrasadas de Portugal, mas sim aqueles que sabiam das oportunidades de trabalho e que tinham

---

[189] Lourenço, 2001:50.
[190] Ibid., p. 51.
[191] Caieiro, 2002:34.

algum conhecido que já emigrara. Os pioneiros e o efeito-demonstração de seus casos exerciam grande atração, difundindo o sonho de vir para o Brasil e retornar rico. As redes de apoio comunitário no ponto de destino também eram importantes, já que delas dependia muito do êxito alcançado.

> Os galegos e os portugueses do Minho concebiam a sua emigração como uma estratégia temporária e sonhavam com o regresso à aldeia de origem. Por isso, era mais lógico que tentassem a sua sorte na cidade e não na compra de terras, o que implicaria a sua permanência.[192]

A par da massa de trabalhadores rurais, houve também uma elite migrante que como comerciantes, industriais, importadores fez fortuna e ascendeu socialmente e que procurou organizar iniciativas para criar instituições mutualistas, recreativas, culturais, buscando o bem-estar da comunidade emigrante e melhorias no país ou aldeia de origem.

A sangria demográfica produziu um envelhecimento na pirâmide populacional e uma perda de novas gerações. A emigração produziu também a saída dos mais jovens e preparados, e privou os camponeses dos líderes que poderiam enfrentar as elites tradicionais. Por outro lado, as remessas de divisas, fomentadas pelos "rios de ouro" provenientes do Brasil no fim do século XIX, tornaram a emigração um bom negócio.

Muitos autores falam de Portugal como um país marcado pela diáspora, já que essa noção envolve a de retorno a um lar muitas vezes mitificado.

> Decorrentes desta tradição emigratória, as comunidades portuguesas no estrangeiro são significativas. Dados de 1981 mostram que a população residente em Portugal era de 9.806.300 habitantes, estimando-se a existência no mesmo período de 3.856.360 portugueses residentes no estrangeiro, 1.200.000 dos quais no Brasil. Outros países receptores são Estados Unidos, Canadá, Alemanha, Venezuela, África do Sul; Argentina e Holanda colocam-se entre outros que receberam menor número de imigrantes no período 1961-1967. A França, a partir de 1960, supera o Brasil, até então o maior receptor de imigrantes portugueses.[193]
>
> Esta circunstância levou Portugal à adoção de uma concepção alargada de país, considerando não o território, mas o povo de língua portuguesa. É um conceito de nação dispersa, alargada, extensiva a todo local onde existam comunidades portuguesas, fazendo com que as relações de Portugal com tais comunidades se acentuem.[194]

---

[192] Seixas e Vázques, 2002:26.
[193] Rocha-Trindade, apud Lang, 1999:2.
[194] Lang, 1999:2.

A emigração aparece imbricada com um discurso político que lutava para exigir das autoridades leis de proteção ao emigrante, apoio e atendimento de suas demandas para fixação no Brasil. "O problema interno da sociedade portuguesa continuava insolúvel, e a emigração tornava-se uma indústria (...), que trazia dividendos para o reino."[195]

A "concepção alargada de país" esteve relacionada ao desafio de ser Portugal, ainda no início do século XX, senhor do terceiro maior império colonial em extensão. E foi diante dessa realidade que se construiu a idéia, a proposta ideológica, do novo império durante o Estado Novo salazarista, nas décadas de 1930 e 40.[196] Voltarei a esse ponto mais adiante.

A imigração portuguesa no Brasil

Seja pela quase identidade de língua, pela presença de ancestrais comuns, pela mesma religião, pela presença de familiares e membros da mesma aldeia, tudo isso facilitou a assimilação no novo território do Brasil, principalmente daqueles portugueses que estavam sendo expulsos de Portugal e que foram atingidos pela "febre" da emigração que assolou aldeias e povoados.

No Rio de Janeiro de 1872, dois terços dos imigrantes eram portugueses; em 1906, eles compunham 71% dos estrangeiros que viviam na cidade; em 1920, os portugueses eram 15% da população carioca.[197] No ensaio "Imigração portuguesa e miscigenação no Brasil nos séculos XIX e XX", Manolo Florentino e Cacilda Machado apresentam um rico panorama das diferentes estratégias que marcaram esses imigrantes. Os autores levantam e discutem as teses já conhecidas e aceitas, principalmente aquelas referentes às condições estruturais das regiões portuguesas que deram origem à maioria dos imigrantes, a saber: altas taxas de fecundidade, predomínio da pequena propriedade, restrição da partilha de terras na herança, redes de relações sociais fortemente estruturadas.[198] Por outro lado, levantam questões novas, tomando como fonte principal o acompanhamento da história de uma família cujo primeiro membro chegou ao Brasil em 1910. Entre as novidades, cabe destacar: os portugueses mantiveram um alto padrão endogâmico, mais do que outros grupos imigrantes; tiveram baixos níveis de naturalização, o que deixa entrever um padrão de migração transitória, também guiado pela aplicação das poupanças conseguidas no Brasil em Portugal; e, por fim, encararam a prática imigratória como uma estratégia parental visando a ascensão social, já que não se rom-

---

[195] Caieiro, 2002:37.
[196] Thomaz, 2002.
[197] Florentino e Machado, 2002.
[198] Ibid., p. 105.

piam os laços econômicos e afetivos entre os dois lados do Atlântico — os jovens que emigravam eram uma espécie de tentáculo da ação familiar.

Os dois autores reafirmam que os portugueses deram uma contribuição fundamental para a estruturação e a dinâmica da miscigenação nos primeiros séculos da sociedade brasileira. Mas, já no início do século XIX, o imigrante português se comportava de modo mais regrado do que comumente se imagina.[199] Ao encontrar no Brasil uma base populacional maior e mais assentada, ele praticava uma seleção — "buscava portuguesas até onde estas lhe fossem disponíveis, partia para as brasileiras brancas descendentes de imigrantes lusos recentes e, por fim, para as brasileiras brancas de longínqua ascendência lusitana".[200] Essas observações servem para que se possa tratar o português como um dos grupos imigrantes que chegou ao país junto com os galegos, os espanhóis, os italianos e outros.

No espaço privilegiado para o imigrante urbano — o comércio —, os atores principais desse processo são o negociante e o caixeiro. Entre os portugueses pobres que aqui chegaram, essa foi uma categoria comum à época: os caixeirinhos portugueses ou galegos, que jovens chegavam à cidade e passavam a trabalhar, dormir, viver nos locais de trabalho. Trabalhar duro como empregado de algum parente, vizinho ou patrício era a perspectiva mais comum para os que vinham sem capital. Nessas condições de vida, tornavam-se agregados e, quando perdiam o emprego, perdiam tudo. Nesse caso, somavam-se à massa de jovens fora da lei. Alguns conseguiram, pelo trabalho árduo, pelo casamento, vencer as barreiras da mobilidade social. São mais conhecidos os casos de sucesso do imigrante, como os que fundaram a Confeitaria Colombo ou, mais recentemente, as Casas Sendas.[201] Como nos diz Lená Medeiros de Menezes (2000:169): "ao longo de todo o século XIX e até as leis restritivas da Era Vargas, a população portuguesa não parou de crescer na capital federal"; contudo, sabe-se também que os portugueses foram excluídos das normas que restringiram a entrada de estrangeiros na década de 1930.

No Brasil, os portugueses faziam renascer, de um lado do Atlântico, a casa da aldeia, a comida da terra, o que mostra o sucesso da política portuguesa em terras brasileiras. Foi no espaço doméstico que se preservaram muitas das raízes portuguesas: a imagem de Nossa Senhora de Fátima, o galo de Barcelos, a aldeia lembrada em quadros ou em pratos de parede. O imigrante bem-sucedido introduziu melhoramentos em sua aldeia, mas, ao voltar à terra, foi chamado de "brasileiro". A proximidade de língua, de religião católica, de tipo físico e até de nomes facilitou sua integração no Brasil, ainda que os laços culturais com Portugal se mantivessem. A existência de programas de músi-

---

[199] Florentino e Machado, 2002:112.
[200] Ibid., p. 112.
[201] Menezes, 2000:167.

ca popular portuguesa nas rádios do Brasil, muitos deles dirigidos aos imigrantes e seus descendentes, reforçou os laços com as regiões de origem e a terra natal. Tudo isso fez do português o caso mais nítido de duplo pertencimento, principalmente na geração que migrou: em Portugal são "brasileiros", no Brasil são ainda "portugueses".

O choque da chegada à nova terra está presente em depoimentos relatados em diferentes trabalhos. Muitos depoimentos reforçam o choque de chegar à nova terra e se deparar com a figura do negro e dos mestiços nos trópicos. Ouvindo mulheres portuguesas que chegaram ao Rio de Janeiro nos anos 1950, por exemplo, Vanessa Tavares Dias observa que a interpretação do "primeiro instante" no Brasil apresenta muitas categorias comuns

> construídas pelas informantes (...). São elas: a sujeira, o aspecto velho da cidade, a existência de pessoas negras, os palavrões, pessoas vestidas de maneira informal, o calor. Esses aspectos acabam aproximando-se à percepção de uma ilegalidade e [da] obscenidade encontrada na sociedade receptora, em oposição à educação e [à] tradição que traziam de suas aldeias. Todos esses aspectos sugerem ainda uma certa desorganização social, uma mistura de impressões que foge a qualquer padronização.[202]

Já observei em outro texto[203] que o papel dos imigrantes foi fundamental para que o trabalho viesse a ser considerado uma atividade digna. Os que já viviam na terra sabiam dos limites e dos obstáculos quase intransponíveis — estou pensando no povo brasileiro, composto em sua maioria de ex-escravos. Para esses, o trabalho árduo daqueles recém-chegados era mesmo incompreensível. Para os que conheciam bem as manhas da terra, a melhor solução era outra, mais ligada ao jeititinho, à malandragem. Para que se matar de trabalhar, se os frutos do trabalho não retornavam nunca aos que tinham se esforçado tanto... Talvez isso sirva para compreender como e por que o imigrante português, ao se "matar de trabalhar", ganhou no Brasil a qualificação de "burro de carga"... Vale lembrar que uma das mais importantes contribuições dos imigrantes à cultura brasileira foi a superação da barreira ao trabalho braçal/manual, herança dos quase 400 anos de escravidão.

A presença do português no Brasil, principalmente daqueles que conseguiram vencer na vida, se fez notar em diferentes instituições. No século XIX, por exemplo, foi criado o Real Gabinete Português de Leitura (1837), que em 1900 se mudou para novo prédio construído em estilo neomanuelino e cujo salão nobre é decorado com os cânticos de *Os Lusíadas*. O Liceu Literário Português, o Clube Ginástico Português e a Sociedade Portuguesa de Beneficência foram também criados no século XIX.

---

[202] Dias, 1997:129-130.
[203] Oliveira, 2001a.

Nas primeiras décadas do século XX, os portugueses que integravam as levas de imigrantes chegados ao país se reuniram em sociedades recreativas que fazem referência ao lugar de origem. Assim, a Casa de Trás-os-Montes e Alto Douro, de 1923; a Casa do Minho, fundada em 1924; a Casa dos Poveiros, de 1930. Em 1931, aconteceu no Rio de Janeiro o Primeiro Congresso dos Portugueses do Brasil, reunindo representantes de 74 associações portuguesas de todo o país.

Uma das festas típicas organizadas nessas casas era a que homenageava com banda de música, barraquinha de jogos, de sorteios e de comidas os dias de Santo Antônio, São João e São Pedro. As festas juninas confirmavam a fé religiosa, o espírito de família, e reafirmavam a superioridade dos padrões e valores portugueses. Ao reforçar a identidade do grupo e garantir sua coesão, esses clubes ajudavam o imigrante a enfrentar o afastamento da aldeia natal, e suas festas contribuíram para a adaptação do camponês português à vida urbana.[204] A cultura trazida pela maioria dos imigrantes era a da vida rural, atrelada aos vínculos de solidariedade comunal. As festas, as cantigas e as músicas dos imigrantes se fundiram com as tradições medievais lusas, oriundas do período colonial e já mescladas com as africanas e as indígenas.

Por outro lado, os portugueses que conseguiram ter sucesso em seus empreendimentos e que hoje constituem uma categoria comum da cidade — os donos de padarias e restaurantes — mantiveram e reafirmaram um traço comum da sociedade brasileira: o preconceito racial contra os negros. Basta observar os balconistas de seus estabelecimentos e se verá que são, em sua maioria, brancos ou mestiços claros — muitos nordestinos, cuja presença africana se deu há algumas gerações.

O mundo português no final do século XIX

Na virada do século XIX para o XX, a elite letrada portuguesa tinha uma forte percepção de decadência tanto da Espanha quanto de Portugal. Para ela, a tradição da península Ibérica passou a ser vista como um patrimônio obsoleto diante dos impasses daquele momento. De que tradição se trata? O que devia ou não ser abandonado? De maneira sintética, Rubem Barboza Filho vislumbra essa tradição na Igreja dos Jerônimos. Ali estão, lado a lado, os túmulos de Vasco da Gama, homem de ação, e de Camões, homem da palavra, englobados na trajetória da Igreja Católica, condensando os símbolos dos chamados séculos de ouro — XV, XVI e XVII — da Ibéria. Nessa narrativa, a Reconquista e os Descobrimentos são integrados e apresentados "como parte de um

---

[204] Lobo, 2001:93-102.

plano divino, como realizações de uma Cruzada destinada a universalizar a revelação divina e a defender as verdades da fé".[205]

Mas essa tradição não servia, ou melhor, não se mostrava capaz de ser revitalizada no fim do século XIX. A busca das origens e a discussão da tradição estão presentes tanto no pensamento de Unamuno quanto no de Ortega y Gasset, na Espanha. Em Portugal, seus intelectuais e políticos também se defrontam com esse desafio, que se faz presente em Alexandre Herculano, Almeida Garret, Antero de Quental, Oliveira Martins, Teófilo Braga, Eça de Queirós, Antonio Sardinha, Luís Monada.[206]

No fim do século XIX e início do XX, muitos intelectuais portugueses e brasileiros pareceram vivenciar experiências comuns. O salão de Eduardo Prado em Paris funcionava como local de encontro por onde passavam José Maria da Silva Paranhos, o barão do Rio Branco; Oliveira Lima; Olavo Bilac e Afonso Arinos, e os portugueses Eça de Queirós, Ramalho Ortigão, Oliveira Martins, entre outros. Estes pertenciam a uma geração que relia a tradição, discutia as premissas gregas e medievais da identidade portuguesa e partilhava do valor da subjetividade como um dos traços da modernidade. Essa geração também produziu uma interpretação sobre o Brasil que pregava a necessidade de o país se livrar dos modelos decadentes de Portugal e da Europa.[207]

Se Herculano e Garret, figuras centrais do romantismo, já tinham superado a perspectiva messiânica tão forte no imaginário lusitano, ainda estavam às voltas com a busca das "raízes nacionais" de Portugal. As grandes referências históricas do mundo português — a Restauração de 1640 e o período de Pombal — levaram liberais, republicanos, tradicionalistas e contra-revolucionários a discutir o absolutismo monárquico como traço fundamental da história portuguesa. A geração seguinte, a de 1870, viu a tradição portuguesa como esgotada, e o tema da decadência tomou conta do pensamento social português. Viveu a desilusão no mundo opressivo de um Portugal decadente e pequeno. A sorte dessa geração foi trágica. A solução possível, para um Antero de Quental, por exemplo, foi a política do iberismo, a reunificação sob a égide da república e da democracia. Teófilo Braga assumiu o positivismo como religião pacificadora e se tornou presidente do Governo Provisório da República. Eça de Queirós, que viveu a maior parte da vida fora de Portugal, morreu com saudades, mas não com ilusões de seu triste Portugal. Seu romance *Os Maias* expressa essa desilusão crítica.

Outra figura da geração de 1870, Oliveira Martins, em sua obra *O Brasil e as colônias portuguesas*, discute qual seria a melhor política a ser adotada com relação aos emigrantes. Para ele, os "repatriados" traziam para Portugal hábitos desmoralizadores adquiridos na promiscuidade dos cortiços ou no trabalho na roça, ao lado dos escravos.

---

[205] Barboza Filho, 2000:31.
[206] Ibid.
[207] Berriel, 2000.

Eram os responsáveis pela agiotagem, pela ladroeira, pelas emissões de inscrições do governo, pela especulação em Portugal. Se o governo cuidasse da colonização interna no norte do país, evitaria os sofrimentos, a prostituição e a mortalidade dos emigrantes.[208]

Fernando Pessoa, a grande figura do início do século XX, inspirado nas palavras de Vieira, sonhou com um novo recomeço da saga lusitana. Ele tinha também um programa sebastianista e esperançoso de um V Império para Portugal. Membro do grupo Renascença Portuguesa que editou a revista *A Águia*,[209] Fernando Pessoa, segundo Rubem Barboza Filho (2000:65), só via esperanças para o sonho do império em outro patamar, na aventura da palavra, da linguagem, onde então seria possível o recomeço da saga lusitana e universal. "O império do futuro para os portugueses — para os ibéricos — é a língua, a linguagem que, em busca da autoconsciência, se vale do passado, supera os limites do presente e inventa o futuro universal".

É preciso lembrar que o tema da decadência da península Ibérica, que se acentuou a partir da perda de suas colônias no Novo Mundo (1820-30), foi atualizado pelos desafios e conflitos entre as potências européias que se enfrentaram na África no fim do século. Em 1890, um ultimato britânico exigiu a renúncia de Portugal aos territórios entre Angola e Moçambique. Portugal, que pretendia estender seus domínios do Atlântico ao Índico de forma contínua, foi forçado a aceitar as imposições inglesas. Seguiu-se a isso uma grave crise política, com ameaça de golpe militar contra a Monarquia, e cresceu o movimento republicano, também sob a influência da proclamação da República na Espanha (1868) e na França (1870).[210] Tudo isso tornou extremamente difícil aquele momento e empurrou a intelectualidade e a política para uma complexa escolha entre a proposta de integração na Europa e o fechamento de Portugal sobre si próprio...

As relações luso-brasileiras nos séculos XIX e XX

Até o século XIX, os portugueses que vinham para a colônia viravam "portugueses do Brasil", independentemente de terem nascidos lá ou aqui. O Brasil era apenas uma região do Império colonial português. Após 1822, se iniciou a definição de uma nação independente, mas sempre com fronteiras muito fluidas entre Brasil e Portugal. Como nos diz a historiadora Gladys Sabina Ribeiro (1989), esse foi um processo longo, o de transformar os portugueses de Portugal em simplesmente portugueses, e os portugueses do Brasil em brasileiros. Muitos portugueses que tinham vindo fazer fortuna no Brasil

---

[208] Lobo, 2001:134.

[209] Vários brasileiros freqüentaram as páginas dessa revista, entre os quais Vicente de Carvalho, Coelho Neto, Lima Barreto, Gonzaga Duque, Ronald de Carvalho (Lobo, 2001:63).

[210] Lobo, 2001:17.

voltavam para buscar a família e aqui permaneciam já que tinham alcançado um padrão de vida superior se comparado com a pobreza e a falta de perspectivas em Portugal.

Uma mostra das "relações delicadas" entre Portugal e Brasil pode ser observada em *As Farpas* (1871-82), revista publicada por Eça de Queirós e Ramalho Ortigão. Eça participou apenas do início da publicação (1871/72), mas seria considerado o principal responsável pelos textos antibrasileiros publicados à propósito da visita de d. Pedro II a Portugal naquela ocasião. Fazendo chacotas em relação a d. Pedro II, *As Farpas* apresentavam, sob a pena de Eça, uma fobia aos nascidos no Brasil e aos "brasileiros" portugueses, ou seja, ao português que voltava rico do Brasil. Autor das páginas mais duras, é bom lembrar, Eça de Queirós modificaria sua visão sobre os brasileiros mais tarde, em Paris, quando passou a conviver com brasileiros ilustres como Eduardo Prado.

O texto mais crítico, que transcrevo do livro de João Medina (2000:69), fala igualmente mal de brasileiros e portugueses e foi suprimido na reedição das obras de Eça de Queirós, como informa esse autor.

> Nos lábios finos, a palavra Brasileiro tornou-se um vitupério: o Sr. é brasileiro! A sua convivência é um descrédito plebeu: ninguém ousa ir para um hotel onde se alojam brasileiros... A opinião crítica nega-lhes o caráter, atribui-lhes os negócios de negros... (...) Se pertence à nobreza, é suspeito de se chamar barão de Suriquitó ou conde de Itápátá. (...) O seu maior feito — a vitória do Paraguai — mereceu em Portugal este dito célebre que corria as ruas: o Brasil encheu-se de glória, ó Brasil, dá cá o pé!... E o brasileiro tornou-se assim, para a raça latina, essa caduca sábia da ironia — o depósito do riso! Tal ele é!... E o português é o brasileiro encolhido: o português está para o brasileiro como o paio de vitela está para a perna de vitela (...) É que o português é o brasileiro de estufa!... O português é a hipocrisia do brasileiro... Ele está dentro de Vós! Certos maus gostos que vêm como enjôo (...) é o brasileiro, o cruel brasileiro que, dentro de vós, no vosso seio — se agita, influi, domina, tiraniza...

Ainda que Eça de Queirós, cuja obra tinha influência importante na geração de literatos naturalistas brasileiros, estivesse interessado principalmente em denunciar a sociedade portuguesa como doente, seus textos causaram celeumas e respostas indignadas no Brasil, e em Pernambuco em especial.

Esse episódio serve para mostrar como eram grandes as dificuldades de relacionamento cultural entre os dois países durante o século XIX, apesar ou por causa da grande presença de portugueses no Brasil e da dinastia portuguesa no trono brasileiro.[211] A independência, mantida a Monarquia e a dinastia dos Bragança, permitiu que os portu-

---

[211] Para um balanço da imagem recíproca na literatura, ver Vieira (1991).

gueses detivessem uma posição ímpar no Brasil. Somente com a República, em 1889, e com a Constituição de 1891 estabeleceu-se uma outra situação, e os portugueses passaram a ser vistos como membros de uma classe dominante composta de estrangeiros.[212] Após a proclamação da República no Brasil, o governo decretou que fossem considerados brasileiros todos os estrangeiros aqui residentes em 15 de novembro de 1889 e aqueles que tivessem residência no país por dois anos. A Constituição de 1891 garantiu a nacionalização automática de qualquer estrangeiro que vivesse no Brasil e que, num prazo de seis meses, não se declarasse contrário à nacionalização.

A proclamação da República no Brasil e a virada do século fizeram a cultura portuguesa ser atacada, já que fora com ela que se construíram a sociedade e o Império nos trópicos. Foi inclusive a forte presença de portugueses já enriquecidos na propriedade de lojas comerciais e de imóveis de aluguel que propiciou um intenso sentimento popular antilusitano no Rio de Janeiro, que se manifestou politicamente na corrente denominada "jacobina" das lutas republicanas.

Após a República, aumentaram as tensões entre portugueses e nacionais, e novas formas de rejeição passaram a ser inscritas no imaginário nacional. À antiga imagem do português, visto pela população brasileira como colonizador e explorador, acrescentou-se a de estrangeiro, monarquista e conspirador. O momento político da Revolta da Armada, em setembro de 1893, produziu mesmo o rompimento das relações diplomáticas entre Brasil e Portugal. Isso gerou uma onda de indignação popular contra Portugal, considerado inimigo da causa nacional republicana e, por extensão, do povo brasileiro.

As diferentes percepções sobre o português podem ser observadas no romance *O cortiço* (1890), de Aluísio de Azevedo. Inspirado em Émile Zola e Eça de Queirós, Aluísio de Azevedo faz críticas à sociedade brasileira, mostra a corrupção que decorreu do sistema escravista, a exploração da escrava, o papel do proprietário português como senhorio do cortiço. Em suas obras apresenta os estereótipos sobre o português pobre, que se somava aos outros imigrantes que viviam na capital federal.

IV Centenário do Descobrimento

Foi nesse contexto tão adverso que tiveram lugar as comemorações do IV Centenário do Descobrimento do Brasil, em 1900, quando se procurou valorizar a herança lusitana com a celebração dos feitos das navegações. As navegações e o encontro de novas terras, é preciso lembrar, tinham recebido a consagração no poema de Camões.[213] As

---

[212] Lessa, 2002.

[213] A título de curiosidade, vejamos como esse autor foi recentemente apresentado ao grande público no Brasil: "Entre 1546 e 1549, um gramático e poeta banido de Portugal guerreou em África; de volta a Lisboa, meteu-se em confusões, foi preso e libertado em 1553, com a condição de lutar na Índia. Além de Goa, o inquieto gramático-poeta esteve nas Molucas, em Málaca e em Moçambique, onde viveu dois anos antes de regressar a Lisboa e aí publicar, em 1572, o seu *Os Lusíadas*" (Amado e Figueiredo, 2001:53).

novas terras faziam também parte das profecias do padre Antônio Vieira. Para Viera, em sua tese milenarista, um príncipe luso, o Encoberto [d. Sebastião], derrotaria os turcos, os inimigos da fé, e conquistaria a Terra Santa. Seria então estabelecido o chamado Quinto Império, com o rei de Portugal na chefia do poder temporal, e o papa, em Roma, como chefe do poder espiritual, esses seriam os dois vigários de Cristo na terra. A missão imperial e apostólica dos portugueses era levar Cristo ao Novo Mundo e mostrar aos cristãos o local onde as profecias se revelavam.

Essa leitura da tradição pregava a restauração dos princípios do catolicismo e da monarquia e enfrentou em Portugal o anticlericalismo do movimento republicano. A direita portuguesa queria fazer ressurgir o V Império, assentado nos princípios do catolicismo, da unidade lingüística e do passado comum. É preciso lembrar que o passado das grandes navegações faz parte intrínseca de todo e qualquer movimento nacionalista em Portugal.

Na celebração de 1900, o Brasil apareceu como filho primogênito da nação portuguesa, reproduzindo a matriz portuguesa, branca e católica.[214] O Brasil pretensamente europeu, português, branco e católico teve que se defrontar com a realidade do país e do povo miscigenado étnico e culturalmente. Um dos mitos de origem mais recorrente na história do Brasil, o que narra as peripécias do casal Paraguaçu-Caramuru, trata exatamente da origem mestiça para falar do país.

> Fornece uma narrativa para a formação de uma certa idéia de nação, que tem transitado com facilidade do erudito ao popular e à comunicação de massas, da academia às ruas, da prosa à poesia, do oral ao escrito e ao pictórico, da tradição à inovação, fortemente disputada pela história, pela literatura e pela tradição popular.[215]

Esse casal mestiço, casal original, nega o Brasil europeu, mas reitera a ligação entre Portugal e Brasil, apresentados como países irmãos, reforçando o tema da unidade luso-brasileira.

O Brasil de 1900 estava às voltas com crises econômicas e políticas, assim como com um profundo desalento com a experiência republicana, após uma década de lutas e conflitos. As comemorações não poderiam deixar de discutir a viabilidade do Brasil como nação moderna.

O IV Centenário ficou dividido entre a versão européia e portuguesa *versus* a americana e brasileira, mas o que acabou sendo predominante foi mesmo a valorização da herança portuguesa, branca e européia, a que ligava o passado brasileiro à herança

---

[214] Cury, 2001.
[215] Amado, 2000:5.

ocidental desde sua fundação. Olavo Bilac, por exemplo, foi um dos autores que mais exaltou a colonização portuguesa, colaborou em diversas revistas portuguesas e recebeu homenagens do meio intelectual português. A propósito do IV Centenário, escreveu o poema *Sagres* e a cantata *Brasil*, dentro do espírito de estimular o sentimento cívico atrelado ao reforço da relação Brasil-Portugal. Bilac continuaria a ser um defensor dessa vertente ao longo dos anos iniciais da República e seria reconhecido como amigo e divulgador dos laços luso-brasileiros.

A valorização da presença indígena já tinha marcado presença na literatura romântica e, no fim do século XIX, se faria presente na produção historiográfica, que procurou as origens do bandeirante na conjugação do branco com o índio, que deu origem ao mameluco. As comemorações do IV Centenário do Descobrimento, em São Paulo, foram precedidas pela criação de duas instituições: o Instituto Histórico e Geográfico de São Paulo (1894) e o Museu Paulista (1895), criados por uma elite que se julgava descendente dos primeiros colonizadores da região. A valorização do americano e do indígena pode ser observada, por exemplo, em trabalhos como os de Couto de Magalhães.[216]

Ao valorizar a herança comum dos dois países, Portugal como que celebrou seu passado histórico do tempo dos descobrimentos, a memória dos heróis navegadores, e o Brasil, ao comemorar o passado, celebrou o futuro, a possibilidade de construção de uma sociedade moderna. O lado moderno se fez presente nas memórias sobre engenharia e medicina apresentadas em congressos simultâneos aos festejos e que mostravam o esforço concreto do Brasil para ingressar na modernidade pelas reformas urbanas, pela construção de estradas e pela luta contra as doenças tropicais. A construção de Belo Horizonte (1894-97), uma nova capital para Minas Gerais, e a reforma urbana no Rio de Janeiro (1904-06) são dois exemplos significativos do esforço de modernização do país. A reforma urbana desenvolvida pelo prefeito Pereira Passos pretendeu modernizar, limpar, iluminar as ruas do Rio de Janeiro e sanear a vida urbana, afastando os indesejáveis, as "classes perigosas" do centro da cidade. Essa proximidade excessiva também era considerada uma herança do império português dos Bragança.

O reforço da herança comum dos dois países não recebeu aprovação unânime. Rodrigo Otávio, por exemplo, em seu livro *Festas nacionais* (1893), que procura dar as razões dos feriados instituídos pela República, "condena" o 7 de setembro de 1822, que só fez prorrogar a dominação portuguesa no Brasil. Para ele, o Segundo Império representou "quarenta anos de mentiras, de perfídias, de prepotência, de usurpação". A carta-prefácio desse livro, de autoria de Raul Pompéia, também condena a dinastia européia, que teria anulado o caráter nacional. Esses e outros livros procuraram recuperar movi-

---

[216] Machado, 2000.

mentos e figuras precursores da República e fazer a defesa de sua americanidade. Como dissera Quintino Bocaiúva: "A América é a República, a América é a liberdade; é o repúdio da vassalagem a toda e qualquer influência tradicional ou institucional, cujas raízes se prendem ao solo da Europa e às suas constituições políticas". Essa corrente se confrontou com monarquistas ilustres, como o barão do Rio Branco, Rocha Pombo, Joaquim Nabuco e Oliveira Lima, para os quais a unidade nacional foi fruto da elite imperial, que representou a continuidade dos laços entre Portugal e Brasil, entre o Velho Mundo e o Novo Mundo.[217]

O Centenário da Independência

As relações entre Portugal, o criador, e o Brasil, a criatura, enfrentaram muitas turbulências no início do século XX. Para muitos intelectuais brasileiros, o passado comum possibilitava a afirmação da nossa origem européia. Para outros, ela não deveria ser valorizada, já que era urgente superar o passado de colônia portuguesa e necessário afirmar a identidade nacional e negar a identificação com Portugal. Ou seja, para o Brasil era importante marcar as diferenças, enquanto para Portugal importava mostrar a permanência, a continuidade. A aproximação dos dois países nos primeiros anos do século XX foi uma demanda mais portuguesa do que brasileira.

A política de aproximação entre Portugal e Brasil contou com figuras de destaque da comunidade portuguesa no Brasil e com vários intelectuais brasileiros que também participavam desse movimento, principalmente aqueles que faziam a defesa intransigente da obediência aos cânones da língua. Paulo Barreto (João do Rio) foi um dos intelectuais brasileiros que valorizou a tradição luso-brasileira. Seu papel pode ser aferido por uma placa afixada no Real Gabinete Português de Leitura dando o nome de Paulo Barreto (João do Rio) à biblioteca. Os portugueses também se faziam presentes no mundo da imprensa do Rio de Janeiro, como nos jornais *O Paiz* e no *Jornal do Brasil*, o que mostrava sua presença marcante e, por outro lado, oferecia munição ao forte sentimento antilusitano na cidade. Nos anos 1910 e 1920, os cariocas faziam pouco de seus antepassados lusos, e os paulistas, por outro lado, estavam ocupados em exaltar os bandeirantes, junção particular do português da Renascença com o índio.[218]

As comemorações do Centenário da Abertura do Portos, realizadas em 1908, dariam ocasião à visita de Carlos I ao Brasil. Seria a primeira visita de um rei, e de Portugal, que a República brasileira receberia. Seu assassinato em fevereiro de 1908, entretanto, acabou com a viagem e com a monarquia portuguesa em 1910.

---

[217] Oliveira, 1989.
[218] Lessa, 2002.

Após a I Guerra Mundial, ressurgiu sob novos ângulos a questão da nacionalidade no Brasil. Uma obra significativa da época é *A política no Brasil ou o nacionalismo radical*, de Álvaro Bomilcar, publicada em 1920. Para Bomilcar, um dos problemas do Brasil era ter sido resultado da colonização portuguesa. A primeira acusação tem a ver com a escravidão. A nação portuguesa "andou devastando não só as terras de África e Ásia, como disse Camões, mas igualmente as do nosso país. Foram os portugueses os primeiros que (...) fizeram um ramo de comércio legal prear homens livres e vendê-los como escravos nos mercados europeus e americanos".[219] A presença lusitana também se fez presente em nossa intolerância e hostilidade aos brasileiros que têm a infelicidade de descender mais proximamente dos negros e dos espoliados indígenas. Confirmando isso tudo, o autor menciona que os surtos de progresso só apareceram nos estados do sul do Brasil, exatamente aqueles em que a influência portuguesa foi mínima.

Bomilcar ainda se manifesta contra os intelectuais, que ficavam presos às questões filológicas e ao debate em torno da reforma ortográfica, em nome de uma herança ancestral da linguagem. Esses estariam próximos da antiga metrópole e serviam à recolonização do país, como Afrânio Peixoto, Medeiros e Albuquerque e João do Rio. Herdamos a língua — considerada por Alexandre Herculano o túmulo do pensamento — e com ela ficamos isolados do comércio intelectual do mundo. E esclarece: "No Brasil, não se fala o português, fala-se o brasileiro, com sintaxe, prosódia, estilo e vocabulário brasileiros".[220] Álvaro Bomilcar escolheu Portugal como objeto de seus ataques, retomando Manuel Bonfim, um dos intelectuais a recusar a herança portuguesa como benéfica ao Brasil.

Afrânio Peixoto, em *Minha terra, minha gente* (1916), pode ser tomado como exemplo da oposição à vertente exemplificada com o pensamento de Bomilcar. Procura mostrar como herdamos de Portugal a civilização greco-romana e a moral cristã, estabelecendo uma linha de continuidade entre Grécia, Roma, Portugal e, finalmente, Brasil. Para ele, os feitos marítimos portugueses seriam a grande epopéia moderna. Os brasileiros, herdeiros desse patrimônio, deviam louvar e enaltecer os feitos de seus antepassados.

Olavo Bilac, escolhido de modo consagrador "príncipe dos poetas brasileiros" em concurso promovido pela revista *Fon-Fon*, em 1913, foi também um dos autores que reafirmaram suas ligações com o mundo português e latino. Se na primeira viagem à Europa, em 1890, Bilac tivera como mote seus interesses literários, nas viagens de 1914 e 1916, seu prestígio e sua recepção estavam atrelados ao seu papel de ideólogo do nacionalismo.

---

[219] Bomilcar, 1920:175, apud Oliveira, 1990:134.
[220] Oliveira, 1990:168.

Bilac é recebido em Lisboa como autêntico porta-voz de uma latinidade americana, bastião último capaz de enfrentar a insanidade germânica que tanto ameaçava a espiritualidade latina encarnada e defendida pela França.[221]

Em entrevista a um jornal de Lisboa, Bilac reafirmou ser o Brasil absolutamente francófilo, e perguntado sobre a ameaça que poderia representar a presença alemã no sul do Brasil declarou ser necessário promover uma intensa campanha capaz de desenvolver a coesão nacional. E foi exatamente isso o que fez tão logo retornou ao Brasil, realizando o que considerava ser uma missão: a difusão do ensino primário, a expansão do ensino profissionalizante e o serviço militar obrigatório. Bilac como que confirmou, legitimou e reconheceu a atuação de Portugal, que recém-entrara na guerra, e esse reconhecimento foi muito bem visto, já que vinha "de um intelectual, de um poeta da mesma língua e da mesma extração cultural".[222] Sua calorosa recepção em Portugal teve a ver com o "reforço da lusitanidade e da latinidade, através da defesa do idioma, miolo, por sua vez, dos nacionalismos a galope, nos dois países".[223] Sua defesa da língua, seu modo de entender a veiculação da língua (o enquadramento da sintaxe como fenômeno imutável da língua) o afastaram dos tempos de poeta parnasiano (a arte pela arte) e o confirmaram como combatente da causa nacionalista, fazendo a defesa da integridade da língua comum a Portugal e ao Brasil.

Ou seja, nos anos 1910, aconteceu um grande debate sobre as perspectivas do país e, nesse cenário, a herança portuguesa recebeu nova avaliação. A presença portuguesa na colônia também abarcou uma reavaliação da presença jesuíta na formação da sociedade brasileira. A herança da monarquia seria novamente valorizada nas décadas de 1920 e 30, ao mesmo tempo que se condenavam as vicissitudes da República.

Assim, foi significativa uma nova tentativa de resgatar a imagem de Portugal no Brasil, o que teve lugar especial por ocasião da Exposição Comemorativa do Centenário da Independência em 1922, embora nesse momento se estivesse comemorando a separação entre a colônia e a matriz. Portugal enviou extensa delegação para os festejos e, nela, teve destaque a presença dos aviadores Sacadura Cabral e Gago Coutinho, que fizeram a primeira travessia aérea do Atlântico, como que atualizando a travessia de 1500. A delegação portuguesa foi portadora de uma edição de *Os Lusíadas*, de 1670, depositada no Real Gabinete de Leitura no Rio de Janeiro. Em Portugal, as comemorações do Centenário da Independência deram ensejo à produção da obra *História da colonização portuguesa no Brasil* (1921-24), dirigida por Carlos Malheiro Dias.

---

[221] Dimas, 2000:185.
[222] Ibid., p. 187.
[223] Ibid., p. 189.

Entre os movimentos de aproximação com o mundo português que antecederam a comemoração do Centenário da Independência está o decreto que o presidente Epitácio Pessoa assinou em 1920 revogando a expulsão da família real. Epitácio Pessoa, por outro lado, foi quem decretou obrigatoriedade de naturalização dos pescadores portugueses que desejassem permanecer no Brasil. Esses pescadores, os poveiros, que dominavam a indústria pesqueira no Rio recusaram a naturalização, foram repatriados e recebidos em Portugal como heróis.

Se o clima intelectual dos anos 1920 foi de revisão das condenações ao Império, o antilusitanismo se fez também presente e teve como expoentes Ribeiro Couto e Antonio Torres. Torres, com o seu *As razões da Inconfidência*, de 1925, atualizou a condenação ao atraso, à incompetência da colonização portuguesa no Brasil, que reprimiu o movimento de Tiradentes.[224]

Em 1922, António Ferro, membro do grupo de modernistas ligados à revista *Orpheu*, da qual fazia parte Sá Carneiro e Fernando Pessoa, visitou o Brasil e proferiu conferências no Rio, em São Paulo, Belo Horizonte, Salvador e Recife, fazendo sucesso e amigos entre os jovens modernistas brasileiros. Suas conferências foram assistidas, em Belo Horizonte, por Carlos Drummond de Andrade e, em Recife, por José Lins do Rego.[225] Suas relações com os paulistas Oswald de Andrade e Menotti del Picchia fez com que fosse publicado no número 3 da primeira revista modernista paulista, a *Klaxon*. Voltaremos a esse autor mais adiante.

O movimento modernista dos anos 1920, que pretendeu combater o passado, particularmente os cânones rígidos da métrica e da rima do parnasianismo (comprometidos com a unidade lingüística dos dois povos) na produção literária, produziu, por outro lado, a valorização do período colonial como berço da cultura brasileira.[226]

Por outro lado, foi no modernismo, em uma das matrizes do modernismo paulista, que se construiu uma poderosa versão questionadora da herança portuguesa. Estou pensando em Paulo Prado, no seu *Retrato do Brasil*, de 1928. Sua frase famosa — *Numa terra radiosa vive um povo triste* — tem como efeito marcar uma ausência de sintonia entre a natureza brasileira e a estrutura espiritual de seus habitantes.[227] O primeiro retrato do Brasil — a carta de Caminha — expôs o esplendor da natureza, mas alcançada pela "escuma turva das velhas civilizações". Seria da aliança da sensualidade "infreme" com o

---

[224] Vieira, 1991.

[225] Saraiva, 1986.

[226] A redescoberta do barroco — suas cidades, sua arte — serviu para rever uma visão negativa do passado cultural português no Brasil colonial. A recuperação da arquitetura colonial, iniciada pelo movimento denominado "neocolonial", contou em São Paulo com presença do engenheiro português Ricardo Severo (Kessel, 2002).

[227] Sobre Paulo Prado, ver o capítulo 2.

desregramento e a dissolução moral dos conquistadores que surgiriam tipos mais e menos adaptados, sendo os mamelucos paulistas os melhores exemplares. A tristeza brasileira adviria da luxúria e da cobiça, pecados que marcaram a chegada e a vida do português na colônia.

Vale notar que uma das matrizes desse pensamento foi a geração portuguesa de 1870 — Eça de Queirós, Oliveira Martins, entre outros —, que, como já mencionei, apontou a decadência européia em geral e a portuguesa, em especial. Para Oliveira Martins, por exemplo, em fins do século XVI, "a região de S. Paulo apresentava os rudimentos de uma nação; ao passo que a Bahia e as dependências do Norte eram uma fazenda de Portugal na América". Paulo Prado lançou mão dos documentos da *Primeira visitação do Santo Ofício à partes do Brasil* para mostrar todos os pecados que grassaram na terra. E fez um retrato do Brasil no qual a história nacional é contada pelos pecados capitais — cobiça, luxúria —, os mesmos que conduzem ao inferno.[228]

O historiador português Joaquim Pedro de Oliveira Martins foi uma referência fundamental para os autores brasileiros que procederam a uma reavaliação crítica do legado português sobre a formação brasileira, já que "em nenhum outro escritor português do século XIX se poderá encontrar uma crítica tão feroz, sistemática e radical do seu país e da sua cultura".[229] Ao perseguir os valores modernos, científicos e revolucionários, Oliveira Martins, como a "geração de 1870", denunciou o estado de estagnação e atraso da cultura portuguesa. Sua concepção de história, bem como seu método e seu estilo perseguiam uma missão social a ser cumprida: a reforma moral da sociedade portuguesa; a criação, através da educação, de atores sociais capazes de realizar o projeto de redenção.

Em sua análise de Portugal, Oliveira Martins considera que àquele país faltariam tanto unidade de raça quanto de geografia — fundamentos da nacionalidade —, mas ainda assim ali existia uma nação. Como isso fora possível? Pela existência de um princípio espiritual que garantiu a coesão social, a vigência de uma "vontade coletiva". E seria a presença de um herói, capaz de sintetizar a vontade ou a energia coletiva, o que conferiria coesão a uma coletividade social. "Pelo heroísmo se explica a nossa grandeza e o nosso abatimento, as nossas virtudes e os nossos vícios, a culminação gloriosa a que subimos e o abismo podre em que nos afundamos para morrer."[230] Seu historicismo enfatiza a busca das tradições, dos instintos e sentimentos populares como condicionantes do desenvolvimento histórico das sociedades e dos Estados.

Ronald de Carvalho, em sua *Pequena história da literatura brasileira* (1919), recorre a Oliveira Martins para sustentar seu argumento da inépcia da metrópole em sustentar sua colônia, tendo sido isso um fator decisivo para a emergência de um sentimento nacional no Brasil. Como nos diz André Botelho (2002:168):

---

[228] Berriel, 2000.
[229] Franchetti, apud Botelho, 2002:163.
[230] Oliveira Martins citado por Franchetti, apud Botelho, 2002:167.

Ronald de Carvalho compartilhou amplamente — incorporando e transformando — tanto os pressupostos quanto os objetivos do programa historiográfico de Oliveira Martins: entendeu a história da sociedade brasileira como a história da formação da nação; entendeu que a ausência de uma base rácica homogênea não representava empecilho à formação da nação; entendeu a história da formação da nação como produto da vontade ou energia coletiva da qual alguns atores sociais seriam os legítimos portadores; narrou essa história deixando num segundo plano o encadeamento cronológico dos acontecimentos e lhe conferindo caráter dramático, de modo a seduzir o leitor e, assim, cumprir a função que atribuía aos seus escritos.

A interpretação de Oliveira Martins sobre a constituição íntima da sociedade portuguesa, seu sentimento antilusitano exacerbado no período republicano, foi muito incorporada e tem sido pouco recuperada. "Suas teses, já desvinculadas dos seus textos, formam uma espécie de solo comum de algumas das mais fortes interpretações do sentido da herança portuguesa na formação do Brasil."[231]

O Estado Novo português e o brasileiro

Os conflitos e ambigüidades entre republicanos, socialistas e liberais em Portugal criaram condições para o aparecimento do salazarismo, que por sua vez retomou o projeto heróico e sebastianista que fazia parte do imaginário lusitano. O Estado Novo português ambicionava ser a expressão da verdadeira alma nacional de Portugal, regenerando valores genuínos da tradição presente na Idade Média e recuperando a noção de Império como expressão da civilização portuguesa.

O salazarismo assumiu a recuperação de traços da cultura popular portuguesa valorizando a aldeia, as festas locais, o estudo do folclore. A memória da aldeia e a mística da saudade se somam no que pode ser chamado de caráter nacional português. Tudo isso combinado com a imagem de Portugal como um universo católico, rural e hierárquico.[232] Na ideologia do Estado Novo português, Salazar foi apresentado como um homem comum, filho de agricultores pobres que conseguiu se tornar professor de direito e de economia na Universidade de Coimbra, ou seja, um "homem de aldeia" que conseguiu vencer na vida. Igualmente relevante no salazarismo foi a exaltação do regionalismo presente na criação e no apoio a casas regionais em todos os locais onde viviam portugueses.

A emigração dos portugueses foi interpretada no contexto do Estado Novo como a atualização da predestinação colonizadora da época dos descobrimentos. O sentido

---

[231] Franchetti, apud Botelho, 2002:169. O professor Paulo Franchetti, da Unicamp, coloca seus textos sobre Oliveira Martins à disposição na internet.
[232] Paulo, 2000.

alargado de nação se fez presente na Constituição de 1933, ao afirmar que "constituem a nação todos os cidadãos portugueses residentes dentro ou fora de seu território, os quais são considerados dependentes do Estado e das leis portuguesas, salvas as regras aplicáveis do direito internacional".[233] O vínculo dos portugueses que moravam fora de seu território mereceu cuidados, devendo o Estado evitar a emigração de toda a família como forma de manter o emigrante ligado à pátria. O emigrante, como diz Heloisa Paulo, tornou-se assim um misto de vítima e de herói.

Nos anos 1930 e 40, a questão das colônias e o destino do Império estiveram na pauta central dos debates em Portugal. A Exposição Colonial do Porto, em 1934, e a Exposição do Mundo Português, em 1940, trataram da temática colonial e procuraram reunir o que seria um "saber colonial". O Estado Novo procurava se apresentar como aquele que seria capaz de fazer retornar os dias de glória do passado — ser um grande Império. Foram criadas instituições e reforçadas outras dedicadas ao saber colonial, ainda que em nada se assemelhassem ao que fora criado nos outros impérios coloniais europeus.

Analisando as conferências de alta cultura colonial, realizadas em 1936 na Sociedade de Geografia de Lisboa, Omar Thomaz (1996) aponta importantes características do pensamento do Estado Novo em relação ao colono português e ao papel representado pelo Brasil. Ressalta que o colono português era pobre e realizava um trabalho árduo, com o que ele se aproximava das populações locais onde se encontrava. Por outro lado, seu espírito era rico e ele se tornava portador dos mais altos valores portugueses, aqueles presentes na religião e no espírito cristão. Assim, o colono passou a ser visto como um missionário que levava a fé e a ausência de preconceito a todos aqueles habitantes nativos das colônias. O Estado imperial dizia que todos — colonos e nativos — eram portugueses e pertencentes à colonização portuguesa, já que o "axioma único da colonização portuguesa é o aprendizado da língua".[234] Os colonos que se dirigiram aos territórios no ultramar não estariam na verdade abandonando Portugal, já que aquele espaço era também lusitano. A partir de 1950, essa tendência se acentuaria e o Estado português se esforçaria para que o português se tornasse colono, em Angola e Moçambique, em vez de ser um emigrante em outras terras.

A prova de que tudo isso podia acontecer nas colônias da África, de que nos territórios do ultramar estaria se processando uma lusitanização, era o exemplo do Brasil. O milagre aqui acontecido poderia voltar a acontecer. O Brasil, mesmo independente, era em sua essência português. Assim, o "mundo português" se tornava realidade em diferentes tempos e espaços; a fragmentação era ilusória, em diferentes tempos e lugares haveria o mesmo espírito, a mesma língua, religião e cultura.

---

[233] Paulo, 2000:52.
[234] Thomaz, 1996:96.

Na construção da idéia do terceiro império português, realizada pelo Estado Novo salazarista, o Brasil dizia respeito a momentos antigos da história portuguesa e muito pouco teria a ver com a colonização do século XX. O Brasil era "entrave", já que atraía migrantes que Portugal queria canalizar para as colônias africanas. Por outro lado, era "miragem", já que funcionava como exemplo de "futuro possível", como país do "encontro feliz" de três grupos étnicos com a supremacia "ariana e lusitana". O Brasil aparecia com essa dupla face: uma criação lusitana do passado e a possibilidade de nova realização no futuro. "O Brasil desempenha no seu discurso um papel fundamental, pois configura a prova material do bem-sucedido esforço colonial português".[235]

As relações entre Portugal e o Brasil teriam um momento significativo por ocasião das comemorações dos centenários, em 1940, em Portugal.[236] A campanha de aproximação luso-brasileira teve um momento áureo nessa comemoração de 1940, quando Vargas afirmou que "o Brasil vai participar não como visitante mas como membro da família que, embora politicamente dela separado, permanece fiel ao seu espírito e leal à sua amizade".[237]

Muito já se falou das semelhanças entre o integralismo nos dois países, da importância de Antônio Sardinha para Plínio Salgado, das aproximações entre o Estado Novo português e o brasileiro. É preciso lembrar que Salazar chegou ao poder em 1926 como ministro das Finanças, saiu e retornou para o mesmo cargo em 1928. Em 1932, foi nomeado primeiro-ministro e manteve seu poder até morrer em 1970. O regime só desapareceu quando as guerras nas colônias africanas levaram à Revolução dos Cravos, em 1974. O salazarismo já foi referido como um "fascismo sem o movimento fascista".[238] Por quase 40 anos, assumiu um governo chamado por muitos de fascista, mas outros autores não aceitam tal caracterização e se referem a ele como um sistema autoritário direitista. Stanley Payne (1976), por exemplo, diz que o Estado Novo de Salazar foi um regime corporativista conservador, que recusava qualquer tipo de mobilização de partido ou de movimento de massas. Baseado no militarismo, na burocracia e na Igreja Católica, o salazarismo não tinha qualquer ambição modernizadora e desejava, sim, manter a sociedade rural em Portugal[239] com a menor mudança possível. Essa mesma interpretação é dada por Carlos Lessa (2002:53), que nos diz:

---

[235] Thomaz, 1996:102.

[236] Chamado de Comemoração de Dois Centenários, o primeiro referente aos 800 anos de fundação da nação, em 1140, e o segundo, aos 300 anos de restauração, em 1640, quando os portugueses reconquistaram a autonomia política e os Bragança assumiram o trono do novo reino.

[237] Paulo, 2000.

[238] Torgal, 1989 e 2003.

[239] Sobre a ideologia salazarista e a revalorização da cultura popular, ver Torgal (1989).

a autoridade centralizadora no Estado não era pensada para transformar Portugal, mas para manter sob controle explícito a sociedade. Salazar procurou congelar a história para tornar a sociedade portuguesa imune aos ventos de mudança que vinham e ainda viriam de outras plagas.

Os dois Estados Novos, o de Portugal e o do Brasil, apesar de muitas semelhanças, fizeram apostas diferentes. O brasileiro, no futuro; o português, no passado. O Estado Novo brasileiro não conseguiu se manter após o término da II Guerra Mundial, enquanto o português só acabou com as guerras na África. O Estado Novo de Vargas também apoiava a preservação das raízes, das origens, mas com isso não queria restaurar um passado e, sim, orientar o futuro.

O salazarismo cuidou da colônia portuguesa no Brasil. Em 1931, foi realizado o Primeiro Congresso de Portugueses do Brasil. No Rio de Janeiro, em 1933, o romancista e historiador Carlos Malheiro Dias inaugurou o estádio do Vasco da Gama. A estátua de d. Afonso foi inaugurada na entrada do Hospital da Beneficência Portuguesa; e a de Camões no Real Gabinete Português de Leitura. Confirmando o sentido da política salazarista, foram estimuladas as casas regionais, com o desenvolvimento de grupos folclóricos, nos quais se ressaltava o orgulho pelas aldeias, como na Casa do Minho, criada desde 1924. Encontram-se esforços de aproximação entre os dois países, como na proposta de convenção ortográfica de 1931 e no apoio de Vargas aos centenários portugueses, em 1940, visível no pavilhão brasileiro na Exposição dos Centenários.[240]

A aproximação do Estado Novo brasileiro com o Estado Novo português produziu políticas que visavam reforçar a comunidade cultural luso-brasileira. Por ocasião dos centenários portugueses chegou ao Brasil, em missão oficial, António Ferro, um dos organizadores das comemorações e diretor do Serviço Nacional de Propaganda. António Ferro, como já mencionei, era poeta modernista ligado a Fernando Pessoa e ao grupo Orpheu, e já visitara o Brasil em 1922. Sua atuação foi destacada no sentido de conseguir "impor" os modernos ao governo conservador de Salazar. Seu principal desafio foi combinar o moderno — cosmopolita — ao nacional. Desejava afastar Portugal do tempo passado e queria encenar o dinamismo. Jornalista e escritor, admirador de Mussolini e de correntes artísticas como o futurismo de Marinetti, António Ferro, como diretor do Secretariado Nacional de Propaganda, em 1933, foi quem garantiu o apoio da política cultural oficial aos modernos e atraiu diversos artistas para a Exposição do Mundo Português realizada em 1940 em Lisboa.[241]

---

[240] O pavilhão brasileiro, do arquiteto português Raul Lino, difere do padrão monumental da exposição, e estaria mais próximo da arquitetura que valoriza a "casa portuguesa" e o neocolonial (Thomaz, 2002).

[241] Thomaz, 2002.

Ele, como muitos modernistas brasileiros — Cassiano Ricardo, Menotti del Picchia, entre outros —, estava agora integrado ao governo centralizador, autoritário, de seu país. Dessa sua viagem ao Brasil resultou um Acordo Cultural Luso-Brasileiro assinado por Ferro e por Lourival Fontes, diretor do Departamento de Imprensa e Propaganda (DIP). Além da difusão da cultura, do intercâmbio literário e jornalístico, da divulgação de livros, desse acordo resultou a publicação da revista *Atlântico*.[242]

A *Atlântico* publicou contos, poesias, ensaios de literatura, história, sociologia, etnografia, de brasileiros e portugueses. Um de seus ilustradores foi o artista Correia Dias, português que vivia no Brasil e que era casado com Cecília Meireles. Em seu segundo número foram citados como pioneiros da aproximação luso-brasileira: João do Rio, Elísio de Carvalho e Afrânio Peixoto, do lado brasileiro, e, do lado português, Ricardo Severo e António Amorim (portugueses que viviam no Brasil), além do embaixador Nobre de Melo, de Carlos Malheiro Dias, João de Barro, e do poeta Antônio Correia de Oliveira. Além da revista *Atlântico*, António Ferro inaugurou na Biblioteca Nacional do Rio de Janeiro a primeira exposição do livro português no Brasil. Em Portugal, a Rádio Emissora Nacional iniciou o programa *Meia hora brasileira* e foi publicada a *Coleção de documentos que interessam ao Brasil e a Portugal*.[243]

A *Atlântico, Revista Luso-Brasileira*[244] traz em seu nº 1, de 1942, a informação sobre quem seriam seus diretores: António Ferro e Lourival Fontes. Na apresentação, denominada "Algumas palavras", António Ferro procura explicar o sentido de seu título — *Atlântico* — dizendo ser esse oceano o lago lusitano, o traço de união, a "estrada real de nossa glória fraterna". Seu objetivo seria revelar o novo Portugal aos brasileiros e o novo Brasil aos portugueses, superando o velho intercâmbio chamado de "intercâmbio de antigüidades". E continua, dizendo que o Brasil desejava conhecer de Portugal não apenas o seu passado mas o seu presente e o seu futuro. "Se Portugal deseja que o Brasil não o esqueça nem seja infiel à sua tradição e à sua cultura, saiba demonstrar que não se fossilizou." Para nos conhecermos cada vez melhor, nos respeitarmos, o importante não é sermos iguais, mas diferentes. "Diferença de planos no mesmo pano de fundo", "harmonia dos contrastes que se fundem", "uma raça, duas nações, um mundo, eis a nossa legenda, a nossa bandeira!"

A revista publicou ensaios de uma plêiade de autores portugueses e brasileiros. Entre os brasileiros estavam Tristão de Athayde, San Tiago Dantas, Mário de Andrade, Afrânio Peixoto, Álvaro Lins. Além de ensaios dos autores mencionados, a revista apresentou poesias de Augusto Frederico Schmidt, Adalgisa Ney, Cecília Meireles, além de outros poetas portugueses. Nesse primeiro número há páginas inteiras com ilustrações

---

[242] Ramos, 2001:381.
[243] Lobo, 2001:186-187.
[244] A revista *Atlântico* pode ser consultada na Fundação Casa de Rui Barbosa.

da Igreja de São Francisco de Assis, em Ouro Preto; do Profeta Jonas, de Aleijadinho, em Congonhas do Campo; da tela *Fumo*, de Cândido Portinari, além de outras ilustrações inseridas nos textos.

No nº 2, a direção brasileira deixou de ser de Lourival Fontes, já que este deixara a direção do DIP,[245] e em seu lugar apareceu Antônio Coelho dos Reis, o novo diretor. A lista de autores brasileiros publicados continuou a ser notável: Jorge de Lima, José Lins do Rego, Manuel Bandeira, Paulo Silveira, Murilo Mendes, Vinicius de Moraes, Graciliano Ramos, Érico Veríssimo, Pedro Calmon, J. A. Cesário Alvim. Além de portugueses e brasileiros, a revista também publicou autores cabo-verdianos, açorianos e moçambicanos.

Nos números seguintes figuraram: Mário de Andrade, Edgard Cavalheiro, Otto Maria Carpeaux, Tasso da Silveira, Jorge de Lima, Abgar Renault, Álvaro Lins, Cícero Dias, Murilo Mendes, Octávio Tarquínio de Souza, Afrânio Peixoto, Paulo Silveira, Augusto Frederico Schmidt, Alphonsus de Guimarães Filho, Dinah Silveira de Queiroz. O nº 5 publicou com destaque o discurso de posse de Getúlio Vargas na Academia Brasileira de Letras.

Os artigos eram em geral agrupados por partes. A primeira trazia ensaios; a segunda, poesias, e uma terceira parte, notícias, informações e material avulso. Durante o Estado Novo brasileiro foram publicados seis números; em 1946, a revista inaugurou uma nova série, tendo como diretores Oscar Fontenelle, do lado brasileiro, e ainda António Ferro, do lado português. A partir dessa data, a revista apareceu em formato menor e sem as ilustrações e o apuro gráfico dos primeiros anos.

O Brasil era chamado de "suprema criação de Portugal", "glória de sua energia e do seu gênio político" e, como já mencionei, desempenhava papel fundamental para o mundo português, principalmente nas décadas de 1940 e 50. Era mostrado ao mundo como caso exemplar das qualidades humanísticas e miscigenadoras do português, o que permitiria legitimar seu colonialismo na África.

Esse tema referente à posição do Brasil no universo cultural português foi retomado no livro *Ecos do Atlântico Sul* (2002), de Omar Ribeiro Thomaz, que qualifica com maior precisão a recepção de Gilberto Freyre no mundo português. A partir dos anos 1930, principalmente com a publicação de *Casa-grande & senzala*, a herança africana passou a ser interpretada como positiva no Brasil, e o mulato passou mesmo a ser visto como o dinamizador da formação da nacionalidade. Essa visão positiva da mestiçagem, contudo, foi recebida com cautela na Portugal dos anos 1930 e 40. A gradual assimilação era desejada, mas a mestiçagem não podia ameaçar a "essência" da nacionalidade. Ou seja, devia-se evitar a "mestiçagem desenfreada" e, nesse sentido, a interpretação do Brasil proposta por Gilberto Freyre foi mesmo rejeitada num primeiro momento em Portugal.

---

[245] Sobre a saída de Lourival Fontes da direção do DIP, ver Oliveira (2001b).

O luso-tropicalismo, conceito desenvolvido por Gilberto Freyre, teve também papel relevante nessa construção ideológica do mundo português. Sua obra *O mundo que o português criou*, de 1940, foi revalidada por outra, que resultou de sua viagem aos territórios de ultramar. *Um brasileiro em terras portuguesas* reúne as conferências que Gilberto Freyre fez em seu périplo pelo mundo português e onde ele via "Brasis em gestação". Nesse texto, Gilberto Freyre enxerga uma identidade dada pela natureza tropical e pela presença portuguesa. O luso-tropicalismo se apresenta como uma aculturação em mão dupla, uma "antropofagia de mão dupla": a lusitanização do nativo se daria da mesma forma que o colono se americaniza, se africaniza, se orientaliza. O colono levou aos nativos a sua fé e a sua língua — não as impôs —, e aprendeu com os nativos elementos da sua cultura que possibilitaram sua presença nos territórios tropicais.[246]

A interpretação de Gilberto Freyre do mundo português reforça a unidade de sentimentos e de cultura entre Portugal, Brasil, Índia portuguesa, Madeiras, Açores, Cabo Verde. Mas só nos anos 1950 o luso-tropicalismo, aceito com reservas nos anos 1940, passou a ser quase uma ideologia do Estado português.[247]

As comemorações do V Centenário em Portugal e no Brasil

Entre 1940 e 2000, muita coisa mudou no mundo político e intelectual português e no brasileiro, não sendo possível acompanhar a trajetória de tais mudanças nos limites deste capítulo. Assim, passarei diretamente para questões presentes nos festejos do V Centenário, em 2000.

As comemorações do V Centenário permitiram a observação de uma revisão de perspectivas. Comentando o caso português, José Jobson de Andrade Arruda acompanhou o *Programa Estratégico da Comissão Nacional para as Comemorações dos Descobrimentos Portugueses*, de 1996, e observou que, com a vitória do Partido Socialista, a liderança da comissão dos festejos portugueses passou ao historiador António Manuel Hespanha. Segundo Arruda (1999:18), foi acentuada a "dimensão científica" das comemorações, "daí a preferência pelas versões completas de fontes e investigações, evitando-se as ações superficiais, os produtos fáceis, de rápida divulgação e consumo".

O foco das atenções se concentrou no oceano Índico, expressando o olhar para a Ásia, a eterna miragem da história portuguesa. Desconstruíram-se figuras tornadas mitológicas pelo antigo regime salazarista, como as de d. Henrique e Vasco da Gama. Ambos mereceram atenção em diversos seminários, como o acontecido na Índia, onde se ouviu uma dura crítica à política de conversão forçada dos hindus ao catolicismo.

---

[246] Thomaz, 1996:103.
[247] Thomaz, 2002.

Ou seja, a grande questão em pauta foi fazer comemorações que se distinguissem de outras acontecidas durante a ditadura salazarista.

O viés universalizante da comemoração do final do milênio pressupõe, como já vimos, o afastamento da visão lusocêntrica e eurocêntrica, descartando, definitivamente, a celebração dos descobrimentos em termos de sua vocação cruzadista.[248]

A comemoração em curso procurou mostrar Portugal como parceiro e interlocutor privilegiado das nações que foram suas ex-colônias com a União Européia.

> Por essa via, Portugal se despe, definitivamente, da roupagem colonialista. Abdica da condição de "metrópole" (...). Põe no esquecimento a exploração colonial realizada durante muitos séculos em vários continentes. (...) [Para isso] torna-se indispensável nublar as rupturas traumáticas, muito especialmente as guerras coloniais tão recentes, aplicando nas feridas abertas o lenitivo das promessas inscritas no futuro, muito especialmente no fortalecimento da comunidade que fala português, dispersa por cinco continentes, (...) mas que, através da *lusofonia*, poderá criar um futuro comum.[249]

Ao escolher os oceanos como símbolo maior, Portugal remeteu a gênese do processo de globalização para a era dos Descobrimentos e para si próprio. Portugal quer se mostrar ao mundo globalizado como desenvolvido, democrático e europeu, daí a preparação meticulosa, a execução racional, a ação estratégica de revalorizar a Escola de Sagres.

As comemorações portuguesas, para José Jobson Arruda, foram tudo o que as brasileiras não foram. A comissão brasileira não foi comandada por um grande historiador; não foi dada ênfase à questão documental, ainda que se valorizasse o Projeto Resgate.[250] Os fundamentos do texto *Diretrizes e regulamentos da Comissão Nacional para as Comemorações do V Centenário do Descobrimento do Brasil* (1997), além do tom normativo, foram a "cordialidade de Sergio Buarque de Holanda" (*sic*) e as sociedades cristocêntricas de Gilberto Freyre.

O projeto brasileiro "opera nos limites extremos da cultura da acomodação, da perda de sentido da história, da memória e do acontecido".[251] Depura tudo que possa representar uma afronta ao presente. Faz tábula rasa do passado. Reforça a intervenção

---

[248] Arruda, 1999:28.

[249] Ibid., p. 28-29.

[250] O Projeto Resgate de Documentação Histórica Barão do Rio Branco, do Ministério da Cultura, objetiva organizar, microfilmar e publicar em CD-ROM cerca de 250 mil documentos brasileiros existentes no Arquivo Histórico Ultramarino de Lisboa.

[251] Arruda, 1999:45.

da mídia, do mercado de bens simbólicos... E por aí vai o texto do historiador até concluir: "E o *show* dos 500 anos: sob a farsa da elevação do povo brasileiro, comemora-se metaforicamente e tragicamente a sua degradação".[252]

Esse mesmo sentido de tragédia, de total falta de razões para qualquer comemoração está presente no livro de Marilena Chauí, *Brasil: mito fundador e sociedade autoritária*, saído no bojo das discussões sobre as comemorações dos 500 anos do Brasil e que inaugurou a coleção História do Povo Brasileiro, da Editora Fundação Perseu Abramo, pertencente ao Partido dos Trabalhadores. O livro aproveita o mote dos festejos, mas não se insere propriamente nas comemorações, já que a autora considera que as dificuldades da questão da identidade nacional no Brasil "nos leva a indagar se haveria algum cabimento na celebração do 'Brasil 500', a menos que um necrológico possa ser considerado uma celebração".[253]

O tom desses dois textos se parece mais com o da geração portuguesa de 1870, que fala e reflete sobre a decadência lusa e brasileira. Podem ser considerados descendentes diretos de *O retrato do Brasil*, de Paulo Prado!!!

Gostaria de sugerir, a partir do pouco que se escreveu sobre esse tema (para além dos formidáveis desacertos das comemorações brasileiras noticiados pela imprensa, como o caso da réplica da nau capitânia, que não conseguiu navegar), que agora Portugal, com sua comemoração, estaria investindo no futuro, ao passo que o Brasil estaria preso a seu passado. A aproximação com Portugal passaria a ser, então, uma demanda mais brasileira do que portuguesa, invertendo o sentido das comemorações durante a maior parte do século XX?

No capítulo dos desacertos parece ser claro que a festa foi ofuscada pelos erros dos organizadores, mas também foi atropelada pela reação de diversos movimentos sociais. A comemoração oficial marchou na "velha retórica do encontro coletivo da nação e das velhas palavras de ordem, tais como liberdade, fraternidade e igualdade, isto é, idéias iluministas que hoje não dão mais conta dos conflitos e de sua solução no plano simbólico".[254] O Estado perdeu a chance de fazer as camadas populares protagonistas de uma celebração e privilegiou, como nas demais celebrações durante o século XX, o legado europeu, o português, esquecendo-se dos índios, dos negros e dos pobres. Os grupos excluídos nos tempos atuais têm amplo poder de organização e puderam expressar seu descontentamento.

Para além dos conflitos entre polícia e manifestantes por ocasião da festa em Porto Seguro e dos "cortes de cabeça" dos responsáveis pela preparação da festa, é preciso reconhecer que as autoridades perderam a oportunidade de reinventar a tradição de celebrar

---

[252] Arruda, 1999:47.
[253] Chauí, 2001:29.
[254] Herschmann e Pereira, 2000:206.

a nação brasileira. Vale registrar as indagações sobre se as idéias que reforçaram a festa coletiva, como "democracia racial", "cordialidade" — idéias modernistas —, não perderam sua eficácia simbólica, aparecem como desgastadas e pouco atraentes, o que aponta para a necessidade de revisitar os mitos da fundação da nação.[255]

Questões de ontem que permanecem atuais

No século XIX, as colônias portuguesas e espanholas passaram a Estados nacionais ao mesmo tempo que a África se tornou disputada e colonizada pelos europeus. Os países da chamada América Latina tornaram-se independentes, mas mantiveram uma posição subordinada em relação ao mundo europeu. Os colonizadores espanhóis e portugueses não tinham credibilidade imperial. Portugal foi considerado subalterno pelo brasileiro, era representado como um país anacrônico, como na expressão sentimental brasileira de "Portugal, meu avôzinho". "O legado cultural ibérico é considerado retrógrado e impraticável pelas elites pós-coloniais, imitativas das condições de progresso representadas pelas sociedades anglo-saxônicas e francesa", como menciona Carlos Alberto Afonso (2001:218). Essa posição de subordinação, é preciso lembrar, pôde ser observada durante o século XIX, quando a coroa portuguesa no Brasil convocou a Missão Artística Francesa para ensinar a portugueses e brasileiros no Brasil os padrões estéticos necessários a uma metrópole, ainda que ela estivesse itinerando pelos trópicos.

As relações do Brasil com o mundo ibérico e, em especial, com Portugal são relações permeadas pela mais profunda ambigüidade. O português integra o mito de fundação do país ao constituir, pela miscigenação com a índia e depois com a negra, o povo brasileiro. A colonização produziu extrema mistura racial, que recebeu diferentes avaliações ao longo do tempo. Houve momentos de valorização da mestiçagem, e outros de reprovação. Igualmente variada tem sido a avaliação da herança ibérica, ora de aprovação, ora de condenação. Há mesmo linhagens de autores que acusam e recusam a herança ibérica, como há outras que valorizam esse passado e o consideram adequado aos novos tempos.

No século XIX, Tavares Bastos inaugurou uma tradição de análise que considera a transferência da cultura política do patrimonialismo português para a colônia uma marca que comprometeu a realidade do Brasil com o despotismo político e com o atraso.[256] A condenação ao mundo ibérico no século XX pode também ser encontrada na obra de Manuel Bonfim, *A América Latina — males de origem* (1905), na qual o autor identifica o "parasitismo" do Novo Mundo como herança das antigas metrópoles. Sua obra se opõe

---

[255] Thomaz, 2002.
[256] Vianna, 1997.

à visão que considerava o atraso dos países da América do Sul resultado da miscigenação e degeneração das raças e da insalubridade do clima tropical. O parasitismo ibérico, transmitido aos países latino-americanos, produziu uma terrível exploração econômica, já que o trabalho era desprezado pelas elites. Essas criaram uma casta de funcionários para extorquir tributos dos responsáveis por toda a criação de riqueza, os africanos e indígenas. Esse traço de origem dos males latino-americanos explicaria melhor seus problemas do que a incapacidade dos mestiços para o progresso.

Ao longo do século XX, o personalismo e o patrimonialismo foram conceitos-chave presentes nas análises que apontaram o atraso e o subdesenvolvimento brasileiro, como *Raízes do Brasil*, de Sergio Buarque de Holanda, e *Os donos do poder*, de Raimundo Faoro. Considerados "herança ibérica", tais traços culturais são responsabilizados pela modernidade capenga, incompleta, inautêntica do Brasil. Os antiiberistas, em sua maioria, nos lembra Jessé Souza (2000), comungam do pressuposto da superioridade moral e cultural do protestante ante a cultura católica.

O reconhecimento da herança ibérica não recebeu somente avaliações negativas.[257] Na vertente dos chamados iberistas estão aqueles que como Eduardo Prado consideram necessário restaurar e revitalizar o passado. Há também entre os iberistas aqueles que pensam como o passado poderia entrar na construção do futuro, como Oliveira Vianna, daí a ordenação corporativista como instrumento da modernização do país. Mas certamente Gilberto Freyre é o principal autor a valorizar o passado lusitano na formação do Brasil e é ele também quem aponta, principalmente em *Ordem e progresso*, para além das continuidades, as profundas transformações advindas da modernidade no início do século XX.

Como nos diz Luiz Werneck Vianna (1997), na polêmica entre americanistas e iberistas há uma concordância sobre a presença estrutural do iberismo no Brasil, variando a interpretação como negativa ou positiva, e nessas duas vertentes é possível encontrar um "contínuo reiterar da cultura de fundação". E essa marca continua presente nas interpretações eruditas e populares do Brasil.

Essa "cultura de fundação" não corresponde mais aos desafios dos tempos atuais, em que se discute a inter-relação do Brasil com a Alca, com outros países da América Latina e mesmo com países da África. Trabalhos atuais sobre o mundo africano de hoje envolvem uma revisão do significado do Brasil no contexto do Império português. Longe de ser um caso exemplar, o Brasil parece se tornar um caso singular. Luiz Felipe Alencastro[258] observa que a presença portuguesa como que se evaporou de Angola e

---

[257] O sentido e a natureza da tradição ibérica, da qual o Brasil faz parte, foram objeto de livro de Rubem Barboza Filho (2000).
[258] Ver Moraes e Rego, 2002.

Moçambique (ambos se reafricanizaram), e isso torna necessário uma nova reflexão que reforce o sentido de singularidade do Brasil, já que a experiência passada do país não pôde ser seguida nem copiada.

No início do século XXI, Portugal, agora membro da União Européia, discute seu presente e seu futuro. No livro de ensaios de Eduardo Lourenço já mencionado, *A nau de Ícaro*, o autor trata da cultura portuguesa nas últimas décadas do século XX, considerando-a marcada por um duplo exílio: o interior e o europeu. Trata da nova situação de Portugal a partir da descolonização (1974) e de seu ingresso na Comunidade Européia (1985), e assinala o desafio representado pelo reencontro de Portugal com a Europa, "depois de cinco séculos de perambulação pela África, Brasil e Oriente".

Há cinco séculos, pois, que a Europa se exporta através de seu comércio, de seu *savoir faire*, das suas idéias, das suas modas, da sua religião. Ela coloniza e emigra para consolidar a sua presença ou para se livrar dos seus pesadelos.[259]

A partir da segunda metade do século XX, a Europa vira-se para si mesma, retornando a uma situação de antes do século XV. Foi com a ajuda de recursos norte-americanos, com o Plano Marshall, que a Europa conseguiu empregar sua mão-de-obra na tarefa de sua reconstrução. Nasceu então uma emigração volante, intra-européia, que fez da Europa um continente de imigração. A Europa tornou-se para muitos portugueses uma América.

Portugal, que sempre fora ligado ao lá fora: a Índia, o Brasil, a África e a Europa, agora tem que lidar com a perspectiva de construir um futuro a partir de si próprio. A Europa convoca a Ibéria a se tornar européia, mas isso não significa a anulação de seu passado. É possível dizer que, nessa volta à Europa, Portugal redescobre o Brasil de duas maneiras. Com a presença de imigrantes brasileiros na "terrinha", o que inverte o sentido da migração, e com investimentos portugueses no Brasil.

Boaventura de Souza Santos é outro intelectual que vem discutindo a situação de Portugal na modernidade e na pós-modernidade. Em seu livro *Pela mão de Alice* (1995), principalmente no capítulo "Modernidade, identidade e a cultura de fronteira", assim como em "Onze teses por ocasião de mais uma descoberta de Portugal", respectivamente capítulos seis e três de seu livro, apresenta sua interpretação sociológica do caso português que viveu entre as colônias e os países centrais.

Portugal, considerado país semiperiférico, atuou como correia de transmissão entre as colônias e a Inglaterra. Isso teve conseqüências decisivas para si e para suas colônias. O autor nos lembra que as culturas nacionais, criação do Estado no século XIX, são resultado histórico de uma tensão entre universalismo e particularismo. Nesse caso, o Estado português teria falhado em diferenciar sua cultura em relação ao exterior e também em

---

[259] Lourenço, 2001:52.

construir uma homogeneidade cultural no interior do território nacional. Isso fez a cultura portuguesa ser muito local e transnacional e pouco nacional. O português foi o "único povo europeu que, ao mesmo tempo que observava e considerava os povos de suas colônias como primitivos ou selvagens, era, ele próprio, observado e considerado, por viajantes e estudiosos dos países centrais da Europa do Norte, como primitivo e selvagem".[260]

A cultura portuguesa, para esse autor, não teria conteúdo, apenas forma, e essa seria a fronteira, ou a zona fronteiriça. Boaventura de Souza Santos trata de esclarecer: "A nossa fronteira não é *frontier*, é *border*".[261] Por zona fronteiriça, ele entende zona de passagem, ser tanto europeu quanto selvagem, tanto colonizador quanto imigrante. Um dos traços dessa cultura seria o acentrismo, que "é o outro lado do seu cosmopolitismo, um universalismo sem universo, feito da multiplicação infinita de localismos".[262] E continua:

> Tanto o centro como a periferia têm sido impostos de fora à cultura portuguesa. Durante séculos, a cultura portuguesa sentiu-se centro apenas porque tinha uma periferia (as suas colônias). Hoje, sente-se na periferia apenas porque lhe é imposto ou recomendado um centro (a Europa).[263]

Sua hipótese é que os traços dessa forma cultural da fronteira — acentrismo, cosmopolitismo, dramatização, carnavalização das formas e o barroco — marcam tanto Portugal quanto o Brasil e os países africanos de língua portuguesa, ainda que de diferentes maneiras. Em seu programa de trabalho para as ciências sociais, Boaventura de Souza Santos recomenda que as atenções se dirijam aos processos de desterritorialização e reterritorialização em curso em Portugal. O reencontro do país consigo mesmo, após as perdas das colônias, marca um processo de territorialização, acontece no mesmo momento em que emerge um novo processo de desterritorialização, sua integração na Comunidade Européia. Portugal estaria oscilante entre nacionalismo (encontro consigo mesmo), iberismo (encontro com a Espanha) e europeísmo.

Os processos em curso em Portugal talvez nos ajudem a compreender melhor os processos em curso no Brasil. Localismo, nacionalismo, regionalismo e globalização estão simultaneamente atuando lá e cá. Essas observações servem para sinalizar que a compreensão das relações entre Portugal e Brasil envolve levar em conta as transformações culturais e as construções de identidade em curso nos contextos europeu e brasileiro.

---

[260] Santos, 1995:152.
[261] Ibid., p. 152.
[262] Ibid., p. 153.
[263] Ibid., p. 153.

Bibliografia

AFONSO, Carlos Alberto. Ocidente subalterno. In: SANTOS, Boaventura de Souza; COHN, Amélia; CAMARGO, Aspásia (Orgs.). *O diálogo dos 500 anos Brasil & Portugal; entre o passado e o futuro*. Rio de Janeiro: EMC, 2001. p. 215-245.

ALMEIDA, Miguel Vale de. Saudades de si mesmo: hibridismo/miscigenação/mestiçagem e identidade nacional. In: SANTOS, Boaventura de Souza; COHN, Amélia; CAMARGO, Aspásia (Orgs.). *O diálogo dos 500 anos Brasil & Portugal; entre o passado e o futuro*. Rio de Janeiro: EMC, 2001. p. 161-214.

ALVES, Jorge Luís dos Santos. Em busca do Eldorado: a emigração portuguesa para o Brasil (1890-1930). *Dia-Logos, Revista de História*, Rio de Janeiro, Uerj, v. 2, n. 2, p. 61-75, 1998.

AMADO, Janaína. Diogo Álvares, o Caramuru, e a fundação mítica do Brasil. *Estudos Históricos*, v. 14, n. 25, p. 3-39, 2000. [Número especial sobre heróis nacionais.]

——; FIGUEIREDO, Luiz Carlos. *O Brasil no Império português*. Rio de Janeiro: Jorge Zahar, 2001. (Coleção Descobrindo o Brasil.)

ARRUDA, José Jobson de Andrade. *O trágico 5º Centenário do Descobrimento do Brasil*. Bauru, SP: Edusc, 1999.

BARBOZA FILHO, Rubem. *Tradição e artifício: iberismo e barroco na formação americana*. Belo Horizonte: UFMG; Rio de Janeiro: Iuperj, 2000.

BERRIEL, Carlos Eduardo Ornelas. *Tietê, Tejo, Sena: a obra de Paulo Prado*. Campinas, SP: Papirus, 2000.

BOTELHO, André Pereira. *Um ceticismo interessado: Ronald de Carvalho e sua obra nos anos 20*. 2002. Tese (Doutorado em Sociologia) — Unicamp, Campinas, 2002.

——. *O Brasil e os dias*: Estado-nação, modernismo e rotina intelectual. Bauru: Edusc, 2005.

CAIEIRO, Domingos. Uma leitura alternativa. *História*, Lisboa, n. 42, p. 30-37, fev. 2002. [Dossiê Emigração.]

CHAUÍ, Marilena. *Brasil: mito fundador e sociedade autoritária*. 3. reimp. São Paulo: Fundação Perseu Abramo, 2001. (Coleção História do Povo Brasileiro.)

CURY, Vânia Maria. Presença portuguesa nas comemorações do Quarto Centenário do Descobrimento do Brasil. In: RAMOS, Maria Bernadete; SERPA, Élio; PAULO, Heloisa (Orgs.). *O beijo através do Atlântico*. Chapecó, SC: Argos, 2001. p. 25-62.

DIAS, Vanessa Tavares. *Memórias da casa: um estudo sobre mulheres imigrantes portuguesas no Rio de Janeiro*. 1997. Dissertação (Mestrado) — Programa de Pós-Graduação em Sociologia da UFRJ, Rio de Janeiro, 1997.

DIMAS, Antônio. *Bilac, o jornalista.* 2000. Tese (Livre-docência) — USP, São Paulo, 2000. v. 1.

FELDMAN-BIANCO, Bela. A saudade portuguesa na América: artefatos culturais. Histórias orais e a tradução da cultura. *Crítica de Ciências Sociais*, Coimbra, n. 45, p. 113-126, 1996.

FLORENTINO, Manolo; MACHADO, Cacilda. Imigração portuguesa e miscigenação no Brasil nos séculos XIX e XX. In: LESSA, Carlos (Org.). *Os Lusíadas na aventura do Rio moderno.* Rio de Janeiro: Record, Faperj, 2002. p. 91-116.

GOMES, Artur Nunes. Liderança política e atividade lúdica: um estudo sobre as coletividades portuguesas do Rio de Janeiro. In: VILLAS BÔAS, Glaucia (Coord.). *Territórios da língua portuguesa: culturas, sociedades, políticas.* Rio de Janeiro: UFRJ/FJB, 1998. p. 529-536.

HERSCHMANN, Micael; PEREIRA, Carlos Alberto Messeder. *E la nave va...* As celebrações dos 500 anos no Brasil: afirmações e disputas no espaço simbólico. *Estudos Históricos*, Rio de Janeiro, v. 14, n. 26, p. 203-216, 2000.

IANNI, Constantino. *Homens sem paz: os conflitos e os bastidores da emigração italiana.* Rio de Janeiro: Civilização Brasileira, 1972.

KESSEL, Carlos. Vanguarda efêmera: arquitetura neocolonial na Semana de Arte Moderna de 1922. *Estudos Históricos*, Rio de Janeiro, n. 30, p. 110-128, 2002.

LANG, Alice Beatriz da Silva Gordo. Imigrantes portugueses em São Paulo: reconstruindo identidades. In: ENCONTRO ANUAL DA ANPOCS, 23. *Anais...* 1999.

LESSA, Carlos. Rio, uma cidade portuguesa? In: LESSA, Carlos (Org.). *Os Lusíadas na aventura do Rio moderno.* Rio de Janeiro: Record, Faperj, 2002. p. 21-61.

LOBO, Eulália Maria Lahmeyer. *Imigração portuguesa no Brasil.* São Paulo: Hucitec, 2001.

LOURENÇO, Eduardo. *A nau de Ícaro.* São Paulo: Cia. das Letras, 2001.

MACHADO, Maria Helena. Um mitógrafo no Império: a construção dos mitos da história nacionalista do século XIX. *Estudos Históricos*, n. 25, p. 63-80, 2000.

MATOS, Maria Izilda Santos. *Cotidiano e cultura; história, cidade e trabalho.* Bauru, SP: Edusc, 2002.

MEDINA, João. *Eça de Queirós antibrasileiro?* Bauru, SP: Edusc, 2000.

MENEZES, Lená Medeiros de. Jovens portugueses: histórias de trabalho, histórias de sucessos, histórias de fracassos. In: GOMES, Angela de Castro (Org.). *Histórias de imigrantes e de imigração no Rio de Janeiro.* Rio de Janeiro: Sete Letras, 2000. p. 164-182.

MORAES, José Geraldo Vinci de; REGO, José Márcio. *Conversas com historiadores brasileiros.* São Paulo: Ed. 34, 2002. p. 239-287.

OLIVEIRA, Lúcia Lippi. As festas que a República manda guardar. *Estudos Históricos*, v. 2, n. 4, p. 172-189, 1989.

———. *A questão nacional na Primeira República*. São Paulo: Brasiliense, CNPq, 1990.

———. *O Brasil dos imigrantes*. Rio de Janeiro: Jorge Zahar, 2001a. (Coleção Descobrindo o Brasil.)

———. O intelectual do DIP: Lourival Fontes e o Estado Novo. In: BOMENY, Helena (Org.). *Constelação Capanema: intelectuais e políticas*. Rio de Janeiro: FGV, Universidade São Francisco, 2001b. p. 37-58.

PAULO, Heloisa. *Aqui também é Portugal; a colônia portuguesa do Brasil e o salazarismo*. Coimbra: Quarteto, 2000.

PAYNE, Stanley G. Fascism in Western Europe. In: LAQUEUR, Walter (Ed.). *Fascism: a reader's guide*. California: University of California Press, 1976.

PEREIRA, Miriam Halpern. *A política portuguesa de emigração (1850-1930)*. Bauru, SP: Edusc; Lisboa: Instituto Camões, 2002.

PIRES, Antonio Liberac Cardoso Simões. Os portugueses capoeiras; imigração, cultura e conflitos nacionais na cidade do Rio de Janeiro (1890-1937). In: VILLAS BÔAS, Glaucia (Coord.). *Territórios da língua portuguesa: culturas, sociedades, políticas*. Rio de Janeiro: UFRJ/FJB, 1998. p. 537-543.

RAMOS, Maria Bernadete. A intimidade luso-brasileira: nacionalismo e racialismo. In: ———; SERPA, Élio; PAULO, Heloísa (Orgs.). *O beijo através do Atlântico*. Chapecó: Argos, 2001. p. 357-420.

RIBEIRO, Gladys S. *Mata galegos: os portugueses e os conflitos de trabalho na República Velha*. São Paulo: Brasiliense, 1989.

ROCHA-TRINDADE, Maria Beatriz. *Sociologia das migrações*. Lisboa: Universidade Aberta, 1995.

———. Espaços da herança cultural portuguesa — gentes, factos, políticas. *Análise Social*, Lisboa, v. 24, n. 100, p. 313-351, 1998.

SANTOS, Afonso Carlos Marques dos. Entre o mar e a montanha: herança colonial portuguesa projetada para o Rio atual. In: LESSA, Carlos. *Os Lusíadas na aventura do Rio moderno*. Rio de Janeiro: Record, Faperj, 2002. p. 63-89.

SANTOS, Boaventura de Souza. *Pela mão de Alice*. São Paulo: Cortez, 1995.

SARAIVA, Arnaldo. *O modernismo brasileiro e o modernismo português: subsídios para o seu estudo*. Porto: s.ed., 1986.

SEIXAS, José M. Nuñez; VÁZQUES, Raúl Soutelo. O futuro não está escrito. *História*, Lisboa, v. 42, p. 22-29, fev. 2002. [Dossiê Emigração.]

SILVA, Maria Manuela R. de Sousa. Portugueses no Brasil: imaginário social e táticas cotidianas (1880-1895). *Acervo, Revista do Arquivo Nacional*, v. 10, n. 2, p. 109-118, jul./dez. 1997.

SOUZA, Jessé. *Modernização seletiva: uma reinterpretação do dilema brasileiro*. Brasília: UnB, 2000.

SZESZ, Christiane Marques et al. (Orgs.). *Portugal — Brasil no século XX*. Bauru, SP: Edusc, 2003.

THOMAZ, Omar Ribeiro. Do saber colonial ao luso-tropicalismo: "raça" e "nação" nas primeiras décadas do salazarismo. In: MAIO, Marcos Chor; SANTOS, Ricardo Ventura (Orgs.). *Raça, ciência e sociedade*. Rio de Janeiro: Fiocruz/CCBB, 1996. p. 85-106.

——. *Ecos do Atlântico Sul; representações sobre o terceiro império português*. Rio de Janeiro: UFRJ/ Paperj, 2002.

TORGAL, Luís Reis. *História e ideologia*. Coimbra: Minerva, 1989.

——. Estado Novo português — Estado totalitário? In: SZESZ, Christiane Marques et al. (Orgs.). *Portugal-Brasil no século XX*. Bauru, SP: Edusc, 2003. p. 127-164.

VIANNA, Luiz Werneck. *A revolução passiva: iberismo e americanismo*. Rio de Janeiro: Iuperj, Revan, 1997.

VIEIRA, Nelson H. *Brasil e Portugal — a imagem recíproca*. Lisboa: Ministério da Educação, Instituto de Cultura e Língua Portuguesa, 1991.

Anexo

Bibliografia sobre imigração no Brasil

Ao fazer esta pesquisa, defrontei-me com uma imensa bibliografia brasileira sobre o tema da imigração. Ela se alimenta do contínuo crescimento de dissertações de mestrado e teses de doutorado produzidas nos diversos programas de pós-graduação existentes principalmente nos estados do Rio Grande do Sul, Santa Catarina e Paraná, além de São Paulo, regiões com forte presença da colonização européia no século XIX e da imigração no século XX. Não foi possível acompanhar todo esse universo, e a produção de dissertações e teses não está aqui indicada. As teses a que tive acesso e que foram pertinentes ao trabalho estão citadas na bibliografia de cada capítulo. Mesmo assim, resolvi apresentar a listagem que se segue, para facilitar o trabalho de futuros pesquisadores. Essa bibliografia não pretende, de forma nenhuma, ser exaustiva, mas, sim, indicar alguns dos principais trabalhos e os mais importantes autores que realizaram pesquisas nesse campo. Vale ressaltar a importância dos textos apresentados no Grupo de Trabalho sobre Imigração, que integra as reuniões anuais da Anpocs, como uma das principais fontes para o estudo do tema.

ACERVO, Revista do Arquivo Nacional, v. 10, n. 2, jul./dez. 1997. [Imigração.]

AGUIAR, Claudio. *Os espanhóis no Brasil: contribuição ao estudo da imigração espanhola no Brasil.* Rio de Janeiro: Tempo Brasileiro, 1991.

ALENCASTRO, Luis Felipe de; RENAUX, Maria Luiza. Caras e modos dos migrantes e imigrantes. In: ALENCASTRO, Luis Felipe de (Org.). *História da vida privada 2.* São Paulo: Companhia das Letras, 1997. p. 291-335.

ALVES, Jorge Luís dos Santos. Em busca do Eldorado: a emigração portuguesa para o Brasil (1890-1930). *Dia-Logos, Revista de História*, Uerj, v. 2, n. 2, p. 61-75, 1998.

ALVIM, Zuleika. *Brava gente! Os italianos em São Paulo: 1870-1920.* 2. ed. São Paulo: Brasiliense, 1986.

———. Imigrantes: a vida privada dos pobres do campo. In: SEVCENKO, Nicolau (Org.). *História da vida privada 3*. São Paulo: Companhia das Letras, 1998. p. 215-287.

———. O Brasil italiano (1880-1920). In: FAUSTO, Boris (Org.). *Fazer a América*. São Paulo: Edusp, 1999. p. 383-417.

ANDRADE, Manuel Correia de. Italianos em Pernambuco. In: BONI, Luiz A. de (Org.). *Presença italiana no Brasil*. Porto Alegre: Escola Superior de Teologia; Torino: Fondazione Giovanni Agnelli, 1990.

———. *A Itália no Nordeste; contribuição italiana ao Nordeste do Brasil*. Recife: Fundação Joaquim Nabuco, Massangana; Torino: Fondazione Giovanni Agnelli, 1992.

ANTONACCI, Maria Antonieta. Atravesando el Atlántico: españolas en São Paulo. *Historia, Antropología y Fuentes Orales*. Barcelona, n. 28, p. 3-31, 2002.

———; MACIEL, Laura. Espanhóis em São Paulo: modos de vida e experiência de associação. *Revista Projeto História*, São Paulo, Educ, n. 12, p. 173-267, 1995.

ASSIS, Gláucia de Oliveira. Estar aqui... estar lá... uma cartografia da emigração valadarense para os EUA. In: REIS, Rossana; SALES, Teresa. *Cenas do Brasil migrante*. Campinas: Boitempo, 1999.

———. Os novos fluxos da população brasileira e as transformações nas relações de gênero. In: ENCONTRO ANUAL DA ANPOCS, 23. *Anais...* 1999.

———. De Criciúma para o mundo: gênero, família e migração. *Campos. Revista de Antropologia Social*, UFPR, n. 3, p. 31-49, 2003.

AZEVEDO, Thales de. *Italianos na Bahia e outros temas*. Salvador: Empresa Gráfica da Bahia, 1989.

———. *Os italianos no Rio Grande do Sul*. Caxias do Sul: Universidade de Caxias do Sul, 1994. (Cadernos de Pesquisa.) [Também publicado sob o título *Os anos pioneiros da colonização italiana no Rio Grande do Sul*. Rio de Janeiro: Cátedra, 1982.]

BACELAR, Jeferson. *Negros e espanhóis: identidade e ideologia étnica em Salvador*. Salvador: UFBA, 1983.

———. *Galegos no paraíso racial*. Salvador: Ianamá, UFBA, 1994.

BASSANEZI, Maria Sílvia C. Beozzo. Imigrações internacionais no Brasil: um panorama histórico. In: PATARRA, N. L. (Coord.). *Emigração e imigração internacionais no Brasil contemporâneo*. São Paulo: Fnuap, 1995. p. 3-35.

———. Família e imigração internacional no Brasil. *Estudos de História*, Franca, v. 6, n. 2, p. 163-191, 1999.

BERASCONI, Alicia; TRUZZI, Oswaldo. Benvindos, nem todos, nem tantos: Buenos Aires, São Paulo e a imigração depois de crise mundial. In: SEMINÁRIO ARGENTINA-BRASIL, OS ANOS 30: REFLEXOS E VÍNCULOS. *Anais...* .Rio de Janeiro, 1999.

BILAC, E. D. Gênero, família e migrações internacionais. In: PATARRA, N. L. (Coord.). *Emigração e imigração internacionais no Brasil contemporâneo.* São Paulo: Fnuap, 1995. p. 65-77.

BÓGUS, L. M.; BASSANESI, M. S. Do Brasil para a Europa; imigrantes brasileiros na península itálica neste final de século. In: BASSEGIO, Luiz (Org.). *O fenômeno migratório no limiar do terceiro milênio: desafios pastorais.* Petrópolis: Vozes, 1998. p. 68-91.

BORGES, Stella Maris Araújo. Identidade étnica: idéia positiva de identificação; italianos e seus descendentes em Porto Alegre, RS, Brasil. *História Unisinos*, p. 57-82, 2002. Número especial.

BRAGA, Célia Maria Leal. *Memória de imigrantes galegos.* Salvador: UFBA/Centro Editorial e Didático, 1995.

BRASIL — 500 anos de povoamento. Rio de Janeiro: IBGE, 2000.

BUENO, Wilma de Lara. *Uma cidade bem amanhecida: vivência e trabalho das mulheres polonesas em Curitiba.* Curitiba: Aos Quatro Ventos, 1999.

CAMPOS, Maria Christina Siqueira de Souza; LUNARDELO, Paulo Henrique. Portugueses no meio rural paulista (1900-1950). *História Oral*, Associação Brasileira de História Oral, n. 6, p. 107-131, jun. 2003.

CARELLI, Mário. *Carcamanos e comendadores: os italianos de São Paulo; da realidade à ficção.* São Paulo: Ática, 1988.

CASTALDI, Carlo. O ajustamento do imigrante à comunidade paulistana. In: *Mobilidade e trabalho: um estudo na cidade de São Paulo.* Rio de Janeiro: CBPE, Inep, 1960.

CASTIGLIONI, A. (Org.). *A imigração italiana no Espírito Santo: uma aventura colonizadora.* Vitória: Ufes, 1998.

CAVALCANTI, Helenilda. O desencontro do ser e do lugar: a migração para São Paulo. In: BURITY, Joanildo (Org.). *Cultura e identidade; perspectivas interdisciplinares.* Rio de Janeiro: DP&A, 2002. p. 143-159.

CENNI, Franco. *Italianos no Brasil; andiamo in "Merica".* São Paulo: Edusp, 2003.

180 ANOS de emigração européia para a Bahia. *Revista da Bahia*, Salvador, EGBA, n. 16, mar./maio 1960.

COLBARI, Antonia. Familismo e ética do trabalho: o legado dos imigrantes italianos para a cultura brasileira. *Revista Brasileira de História*, São Paulo, Anpuh, v. 17, n. 34, p. 53-74, 1997. [Dossiê: travessia-migrações.]

COSTA, Maria Cecília Solheid da. O violino que só tocava em polaco; do estigma à reconstrução da identidade de poloneses no Paraná. *Estudios Migratorios Latinoamericanos*. Buenos Aires, v. 10, n. 29, p. 29-52, 1995.

DE BONI, Luís A. (Org.). *A presença italiana no Brasil*. Porto Alegre: Escola Superior de Teologia; Torino: Fondazioni Giovanni Agnelle, 1996. v. 2.

DEMARTINI, Zeila de Brito Fabri. Imigrantes japoneses em São Paulo: três gerações. *Travessia — Revista do Migrante*, São Paulo, v. 12, n. 35, p. 10-16, 1999.

——. Relatos orais de famílias de imigrantes japoneses: elementos para a história da educação brasileira. *Educação & Sociedade*, São Paulo, v. 21, n. 72, p. 43-72, 2000.

——. Famílias portuguesas em São Paulo na Primeira República. *Caderno Ceru*, São Paulo, FFLCH/USP, v. 12, p. 161-169. 2001.

DIEGUES JÚNIOR, Manuel. *Imigração, urbanização e industrialização; estudo sobre alguns aspectos da contribuição cultural do imigrante no Brasil*. Rio de Janeiro: CBPE/Inep, 1964.

DURHAM, Eunice Ribeiro. *Assimilação e mobilidade; a história do imigrante italiano num município paulista*. São Paulo: Instituto de Estudos Brasileiros, USP, 1966.

——. *A caminho da cidade; a vida rural e a imigração para São Paulo*. São Paulo: Perspectiva, 1973.

ESTUDOS AVANÇADOS. São Paulo: Instituto de Estudos Avançados, USP, n. 57, 2006. (Dossiê Migração)

FAUSTO, Boris. *Historiografia da imigração para São Paulo*. São Paulo: Sumaré, 1991. (Série Imigração.)

—— (Org.). *Fazer a América*. São Paulo: Edusp, 1999.

FELDMAN-BIANCO, Bela. Entre a saudade da terra e a América: memória cultural, trajetória e (re)construção da identidade feminina. In: BRANDÃO, Carlos (Org.). *As faces da memória*. Campinas: Centro de Memória, Unicamp, 1996. p. 25-60.

——. A saudade portuguesa na América: artefatos culturais. Histórias orais e a tradução da cultura. *Revista Crítica de Ciências Sociais*, Coimbra, n. 45, p. 113-126, 1996.

FLORENTINO, Manolo; MACHADO, Cacilda. Imigração portuguesa e miscigenação no Brasil nos séculos XIX e XX. In: LESSA, Carlos (Org.). *Os Lusíadas na aventura do Rio moderno*. Rio de Janeiro: Record, Faperj, 2002. p. 91-116.

GATTAZ, André Gastanheira. *Braços da resistência; uma história oral da imigração espanhola*. São Paulo: Xamã, 1996.

GOMES, Angela de Castro (Org.). *História de família: entre a Itália e o Brasil*. Niterói: Huiraquitã, 1999.

GOMES, Artur Nunes. Liderança política e atividade lúdica: um estudo sobre as coletividades portuguesas do Rio de Janeiro. In: VILLAS BÔAS, Glaucia (Coord.). *Territórios da língua portuguesa: culturas, sociedades, políticas*. Rio de Janeiro: UFRJ/FJB, 1998. p. 529-536.

GONZÁLEZ MARTÍNEZ, Elda Evangelista. O Brasil como país destino para os migrantes espanhóis. In: FAUSTO, Boris (Org.). *Fazer a América*. São Paulo: Edusp, 1999. p. 239-271.

GREIBER, Betty; MALUF, Lina Saigh; MATTAR, Vera Cattini. *Memórias da imigração: libaneses e sírios em São Paulo*. São Paulo: Discurso, 1998.

GROSSELLI, Renzo Maria. *Vencer ou morrer; camponeses trentinos (vênetos e lombardos) nas florestas brasileiras*. Florianópolis: UFSC, 1987.

GRÜN, Roberto. Construindo um lugar ao sol: os judeus no Brasil. In: FAUSTO, Boris. *Fazer a América*. São Paulo: Edusp, 1999. p. 353-382.

GUIMARÃES, Lucia Maria Paschoal; VAINFAS, Ronaldo. Sonho galego: os espanhóis no Brasil. In: *Brasil. 500 anos de povoamento*. Rio de Janeiro: IBGE, 2000. p. 101-121.

HALL, Michael. *Trabalhadores migrantes*. Campinas: Secretaria de Cultura, Esporte e Turismo, 1989. (Série Trabalhadores.)

———. Fazendeiros paulistas e a imigração. In: SILVA, Fernando Teixeira da; NAXARA, Márcia R. Capelari; CAMILOTTI, Virgínia C. (Orgs.). *República, liberalismo, cidadania*. Piracicaba: Unimep, 2003. p. 153-161.

HECKER, Alexandre. *Um socialismo possível: atuação de Antonio Piccarolo em São Paulo*. São Paulo: T. A. Queiroz, 1988.

HOLLOWAY, Thomas H. *Imigrantes para o café: café e sociedade em São Paulo, 1886-1934*. Rio de Janeiro: Paz e Terra, 1984.

HUTTER, Lucy Maffei. *Imigração italiana em São Paulo (1880-89): os primeiros contatos do imigrante com o Brasil*. São Paulo: Instituto de Estudos Brasileiros, USP, 1972.

IGEL, Regina. *Imigrantes judeus/escritores brasileiros; o componente judaico na literatura brasileira*. São Paulo: Perspectiva, 1997.

JANNUZZI, Paulo de Martino. *Migração e mobilidade social; migrantes no mundo do trabalho paulista*. Campinas: Autores Associados, 2000.

KAWAMURA, Lili. *Para onde vão os brasileiros? Imigrantes brasileiros no Japão*. Campinas: Unicamp, 1999.

KLEIN, Herbert. A integração social e econômica dos imigrantes espanhóis no Brasil. *Estudos Econômicos*, São Paulo, v. 3, 1989.

———. A integração dos imigrantes italianos no Brasil, na Argentina e nos Estados Unidos. *Novos Estudos Cebrap*. São Paulo, n. 25, p. 95-117, out. 1989.

―――. Imigrantes portugueses no Brasil. *Análise Social*, Lisboa, v. 28, n. 121, p. 235-265, 1993.

―――. *A imigração espanhola no Brasil*. São Paulo: Sumaré, Fapesp, 1994.

KODAMA, Kaori. O sol nascente do Brasil: um balanço da imigração japonesa. In: *Brasil — 500 anos de povoamento*. Rio de Janeiro: IBGE, 2000. p. 197-213.

KOSMINSKY, Ethel V. As memórias do *Shtetl* no Brasil e nos Estados Unidos. *Revista USP*, p. 64-90, set./out./nov. 2000.

LANG, Alice Beatriz da Silva Gordo. Imigrantes portugueses em São Paulo: reconstruindo identidades. In: ENCONTRO ANUAL DA ANPOCS, 23. *Anais...* 1999.

LESSA, Carlos. Rio, uma cidade portuguesa? In: LESSA, Carlos. *Os Lusíadas na aventura do Rio moderno*. Rio de Janeiro: Record, Faperj, 2002. p. 21-61.

LESSER, Jeffrey. *O Brasil e a questão judaica; imigração, diplomacia e preconceito*. Rio de Janeiro: Imago, 1995.

LOBO, Eulália Maria Lahmeyer. *Imigração portuguesa no Brasil*. São Paulo: Hucitec, 2001.

LUCENA, Célia Toledo. *Artes de lembrar e de inventar: (re)lembranças de migrantes*. São Paulo: Arte e Ciência, 1999.

MARCÍLIO, Maria Luiza. A população do Brasil em perspectiva histórica. In: COSTA, Iraci Nero (Org.). *Brasil: história econômica e demográfica*. São Paulo: IPE/USP, 1986. p. 11-27.

MARTES, Ana Cristina Braga; FLEICHER, Soraya (Orgs.). *Fronteiras cruzadas, etnicidade, gênero e redes sociais*. São Paulo: Paz e Terra, 2004.

MARTINS, José de Souza. *A imigração e a crise no Brasil agrário*. São Paulo: Pioneira, 1973.

MEDINA, C. C. A. (Org.). *Hermanos aqui*. São Paulo: CJE-ECA/USP, 1990.

MENEZES, Lená Medeiros de. Jovens portugueses: histórias de trabalho, histórias de sucessos, histórias de fracassos. In: GOMES, Angela de Castro (Org.). *Histórias de imigrantes e de imigração no Rio de Janeiro*. Rio de Janeiro: Sete Letras, 2000. p. 164-182.

MERLOTI, Elzimar Aparecida; CAMPOS, Maria Christina Siqueira de Souza. A contribuição dos imigrantes portugueses para a economia da região de Ribeirão Preto. *Cadernos Ceru*, São Paulo, s. 2, n. 13, p. 73-98, 2002.

MOBILIDADE e trabalho: um estudo na cidade de São Paulo. Rio de Janeiro: Inep/CBPE, 1960.

NEIVA, Arthur Hehl. Evolução da política imigratória do Brasil. *Cultura Política*, n. 1/9, mar./nov. 1941. [n. 1, p. 42-50; n. 2, p. 126-142; n. 3, p. 125-140; n. 4, p. 131-147; n. 5, p. 104-119; n. 6, p. 136-150; n. 7, p. 96-110; n. 8, p. 68-84; n. 9, p. 135-151.]

―――. A imigração e a colonização no governo Vargas. *Cultura Política*, n. 21, p. 217-240, nov. 1942.

OLIVEIRA, Lúcia Lippi. *O Brasil dos imigrantes*. Rio de Janeiro: Jorge Zahar, 2001.

OLIVEIRA, Roberto Cardoso de. *Identidade, etnia e estrutura social*. São Paulo: Pioneira, 1976.

PARAISO, Maria Hilda Baqueiro. Imigrantes europeus e índios: duas soluções para a questão da substituição da mão-de-obra escrava africana no Brasil na década de 1850. *Inquice: Revista de Cultura*, n. 1, nov./dez. 1999/jan. 2000. Disponível em: <http://www.inquice.ufba.br>.

PATARRA, Neide; BAENINGER, R. Migrações internacionais recentes: o caso do Brasil. In: PATARRA, N. L. (Coord.). *Emigração e imigração internacionais no Brasil contemporâneo*. São Paulo: Fnuap, 1995. p. 79-87.

PAULO, Heloisa. *Aqui também é Portugal; a colônia portuguesa do Brasil e o salazarismo*. Coimbra: Quarteto, 2000.

PEREIRA, João Baptista Borges. *Italianos no mundo rural paulista*. São Paulo: Edusp, 2002.

PERES, Elena Pájaro. Proverbial hospitalidade? A *Revista de Imigração e Colonização* e o discurso oficial sobre o imigrante (1945-1955). *Acervo, Revista do Arquivo Nacional*, Rio de Janeiro, v. 10, n. 2, p. 53-70, jul./dez. 1997.

––––. *A inexistência da terra firme — a imigração galega em São Paulo, 1946-1964*. São Paulo: Edusp, Imprensa Oficial, Fapesp, 2003.

PETRONE, Maria Tereza Schorer. Imigração. In: FAUSTO, Boris (Org.). *O Brasil republicano 2. História geral da civilização brasileira*. São Paulo: Difel, 1977. p. 95-133.

PIRES, Antonio Liberac Cardoso Simões. Os portugueses capoeiras; imigração, cultura e conflitos nacionais na cidade do Rio de Janeiro (1890-1937). In: VILLAS BOAS, Glaucia (Coord.). *Territórios da língua portuguesa: culturas, sociedades, políticas*. Rio de Janeiro: UFRJ/FJB, 1998. p. 537-543.

QUEIROZ, Maria Isaura Pereira de. Prefácio. In: BRAGA, Célia Maria Leal. *Memória de imigrantes galegos*. Salvador: UFBA/Centro Editorial e Didático, 1995.

RAMOS, Jair de Souza. Dos males que vêm com o sangue: as representações raciais e a categoria do imigrante indesejável nas concepções sobre imigração da década de 20. In: MAIO, Marcos Chor; SANTOS, Ricardo Ventura (Orgs.). *Raça, ciência e sociedade*. Rio de Janeiro: Fiocruz, CCBB, 1995. p. 59-82.

RAMOS, Maria Bernadete; SERPA, Élio; PAULO, Heloisa (Orgs.). *O beijo através do Atlântico*. Chapecó, SC: Argos, 2001.

REIS, Rossana Rocha; SALES, Teresa (Orgs.). *Cenas do Brasil migrante*. São Paulo: Boitempo, 1999.

REVISTA Brasileira de História, v. 17, n. 34, 1997. [Migrações.]

RIBEIRO, Gladys L. *Mata galegos: os portugueses e os conflitos de trabalho na República Velha*. São Paulo: Brasiliense, 1989.

——. Bichos-de-obra; fragmentação e reconstrução de identidade. *Revista Brasileira de Ciências Sociais*, v. 7, n. 18, p. 50-64, jan./jul. 1992.

——. O que faz o Brasil, Brazil: jogos identitários em São Francisco. In: SALES, T.; REIS, R. *Cenas do Brasil migrante*. São Paulo: Boitempo, 1999.

RIBEIRO, Suzana Barreto. *Italianos do Brás: imagens e memórias (1920-1930)*. São Paulo: Brasiliense, 1994.

RICUPERO, Rubens. Alcântara Machado: testemunho da imigração. *Revista Estudos Avançados da USP*, n. 18, p. 139-162, maio/ago. 1993.

ROCHA-TRINDADE, Maria Beatriz. Refluxos culturais da emigração portuguesa para o Brasil. *Análise Social*, Lisboa, n. 90, 1984.

——. *Sociologia das migrações*. Lisboa: Universidade Aberta, 1995.

——. Espaços da herança cultural portuguesa — gentes, factos, políticas. *Análise Social*, Lisboa, v. 24, n. 100, p. 313-351, 1998.

SAKURAI, Célia. *Romanceiro da imigração japonesa*. São Paulo: Sumaré, 1993.

——. Imigração japonesa para o Brasil: um exemplo de imigração tutelada (1908-1914). In: FAUSTO, Boris (Org.). *Fazer a América*. São Paulo: Edusp, 1999. p. 201-238.

SALAMONI, Giancarla. A imigração alemã no Rio Grande do Sul — o caso da comunidade pomerana de Pelotas. *História em Revista*, Pelotas, v. 7, p. 25-42, dez. 2001.

SALES, Teresa. Imigrantes estrangeiros, imigrantes brasileiros: uma revisão bibliográfica e algumas anotações para a pesquisa. *Revista Brasileira de Estudos de População*, São Paulo, v. 9, n. 1, jan./ jul. 1992.

——. O trabalhador brasileiro no contexto das migrações internacionais. In: PATARRA, N. L. (Coord.). *Emigração e imigração internacionais no Brasil contemporâneo*. São Paulo: Fnuap, 1995. p. 89-101.

——. *Brasileiros longe de casa*. São Paulo: Cortez, 1998.

——. A legitimidade da condição clandestina. *Travessia — Revista do Migrante*, jan./abr. 1998. p. 13-16.

——; REIS, Rossana. *Cenas do Brasil migrante*. São Paulo: Boitempo, 1999.

——; SALLES, Maria do Rosário Rolfsen. *Políticas migratórias: América Latina, Brasil e brasileiros no exterior*. São Paulo: Sumaré, Fapesp, 2003.

SALLES, Maria do Rosário Rolfsen. *Médicos italianos em São Paulo — 1890-1930*. São Paulo: Idesp, Papesp, 1997.

——. Política imigratória brasileira no pós-Segunda Guerra Mundial. *Cadernos Ceru*, São Paulo, s. 2, n. 13, p. 99-124, 2002.

SASAKI, Elisa Massae. A migração internacional contemporânea e a internacionalização da produção. *Cadernos de Sociologia*, Campinas, IFCH/Unicamp, n. 1, p. 165-188, jan./jun. 1996.

——. Movimento dekassegui: a experiência migratória e identitária dos brasileiros descendentes de japoneses no Japão. In: REIS, R.; SALES, T. *Cenas do Brasil migrante*. São Paulo: Boitempo, 1999. p. 243-274.

SEYFERTH, Giralda. *A colonização alemã no vale do Itajaí-mirim*. Porto Alegre: SAB, 1974.

——. Nacionalismo e identidade étnica. In: *A ideologia germanista e o grupo teuto-brasileiro numa comunidade do vale do Itajaí*. Florianópolis: Fundação Catarinense de Cultura, 1981.

——. *Imigração e cultura no Brasil*. Brasília: UnB, 1990.

——. A invenção da raça e o poder discricionário dos estereótipos. In: *Anuário antropológico 93*. Rio de Janeiro: Tempo Brasileiro, 1995. p. 165-203.

——. Construindo a nação: hierarquias raciais e o papel do racismo na política de imigração e colonização. In: MAIO, Marcos Chor; SANTOS, Ricardo Ventura (Orgs.). *Raça, ciência e sociedade*. Rio de Janeiro: Fiocruz/CCBB, 1996. p. 41-58.

——. Os imigrantes e a campanha de nacionalização do Estado Novo. In: PANDOLFI, Dulce (Org.). *Repensando o Estado Novo*. Rio de Janeiro: FGV, 1999. p. 199-228.

SILVA, Maria Manuela R. de Sousa. Portugueses no Brasil: imaginário social e táticas cotidianas (1880-1895). *Acervo, Revista do Arquivo Nacional*, v. 10, n. 2, p. 109-118, jul./dez. 1997.

SILVA, Marilda R. G. C. G. da. *Imigração italiana e vocações religiosas no vale do Itajaí*. Campinas: Furb/Unicamp/Centro de Memória da Unicamp, 2001.

SIMSON, Olga (Org.). *Experimentos com histórias de vida (Itália-Brasil)*. São Paulo: Vértice, 1988.

SORJ, Bernardo. Sociabilidade brasileira e identidade judaica. In: SORJ, Bila (Org.). *Identidades judaicas no Brasil contemporâneo*. Rio de Janeiro: Imago, 1997. p. 9-32.

SUÁREZ ALBÁN, Maria del Rosario. *A imigração galega na Bahia*. Salvador: UFBA, 1983.

TELAROLLI JUNIOR, Rodolpho. Imigração e epidemias no estado de São Paulo. *História, Ciência, Saúde — Manguinhos*, v. 3, n. 2, p. 265-283, jul./out. 1996.

TRENTO, Ângelo. *Do outro lado do Atlântico; um século de imigração italiana no Brasil*. São Paulo: Instituto Italiano de Cultura, Nobel, 1989.

TRUZZI, Oswaldo. *De mascates a doutores*. São Paulo: Sumaré, 1992.

———. *Patrícios — sírios e libaneses em São Paulo*. São Paulo: Hucitec, 1997.

———. O lugar certo na época certa: sírios e libaneses no Brasil e nos Estados Unidos — um enfoque comparativo. *Estudos Históricos*, Rio de Janeiro, n. 27, p. 110-140, 2001.

VAINER, C. B. Estado e migração no Brasil: da imigração à emigração. In: PATARRA, N. L. (Coord.). *Emigração e imigração internacionais no Brasil contemporâneo*. São Paulo: Fnuap, 1995. p. 39-51.

VENÂNCIO. Renato Pinto. Presença portuguesa: de colonizadores a imigrantes. In: *Brasil — 500 anos de povoamento*. Rio de Janeiro: IBGE, 2000. p. 61-77.

WERNECK, José Inácio. *Com esperança no coração: os imigrantes brasileiros nos Estados Unidos*. São Paulo: Augurium, Editora 34, 2004.

WILLENS, Emílio. *A aculturação dos alemães no Brasil*. [1946] 2. ed. São Paulo: Nacional; Brasília: INL, 1980. (Série Brasiliana, 250; Biblioteca Pedagógica Brasileira.)

ZANINI, Maria Catarina Chitolina. A família como patrimônio: a construção da memória entre descendentes de imigrantes italianos. *Campos, Revista de Antropologia Social*, UFPR, v. 5, n. 1, p. 53-67, 2004.

Esta obra foi impressa pela
Armazém das Letras Gráfica e Editora Ltda. em papel
off set Extra Alvura Plus para a Editora FGV
em outubro de 2006.